Feltrinelli

Questa edizione è a tiratura limitata
di 4000 copie. Questa è la copia n°

0375 /4000

70
1955
2025
Feltrinelli

A cura di
Alessandro Mari, Matilde Piran e Scuola Holden

Con la supervisione di
Gianluca Foglia

Progetto grafico
Riccardo Bianchi e Fabio Picchini di Fram Studio

Hanno collaborato
Giovanni Agosti, Costanza Barbieri, Alessia Dimitri, Luca Domeniconi, Adolfo Frediani, Cristiano Guerri, Elena Mantelli, Paola Olivieri, Anita Pietra, Serena Rubinelli, Massimiliano Tarantino

Si ringraziano tutte le persone della casa editrice Giangiacomo Feltrinelli Editore e del Gruppo Feltrinelli che hanno contribuito alla realizzazione di questo volume con il loro lavoro, il loro punto di vista, la loro memoria, il loro entusiasmo.

Prima edizione in "Fuori Collana" ottobre 2025

ISBN 978-88-07-42164-8

Indice

12
- 29
Andegari

La sede storica della casa editrice in via Andegari, Milano, dal 1958 al 2017 (dopo un primo ufficio in via Fatebenefratelli).

Nel tardo pomeriggio di sabato 18 giugno 1955, quattro giovanotti e una ragazza si ritrovano a pochi passi da piazza della Scala, in un bar di via Manzoni.

Uno dei quattro è l'editore, compie ventinove anni proprio in quella notte. Gli altri tre sono i redattori che lavorano per lui e, quanto alla ragazza, lei è la volenterosa segretaria, interprete, cassiera, telefonista, che gira sempre con l'apparecchio stenotipico fresco di America sottobraccio, tanto costoso quanto superfluo.
Il piccolo gruppo decide per un brindisi: ai primi libri della casa editrice! I due volumi ancora caldi di tipografia sono *Il flagello della svastica*, autore Lord Russell di Liverpool (tradotto da uno dei redattori, un certo Luciano Bianciardi) e *Autobiografia* di *Jawaharlal Nehru*.

Carlo Feltrinelli
Senior Service

Giangiacomo Feltrinelli editore Milano, presentando i suoi primi libri, saluta i Signori Librai, coi quali si augura di iniziare una lunga e cordiale collaborazione.

Lord Russell di Liverpool

Il flagello della svastica

Jawaharlal Nehru

Autobiografia

Volumi di imminente pubblicazione:

Sydney Gordon e Ted Allan

Il bisturi e la spada

Michihiko Haciya

Diario di Hiroshima

5 luglio 1955: Giangiacomo Feltrinelli presenta al primo ministro indiano Jawaharlal Nehru l'edizione italiana della sua *Autobiografia*. Alla sua destra, la figlia Indira Gandhi, futura premier.

Io inizialmente insegnavo a Bari, ma nel frattempo avevo cominciato delle collaborazioni di letture di testi, giudizi, pareri eccetera. In quel periodo cominciava il boom della Feltrinelli, avevano quindi bisogno di assumere e così mi fecero la proposta e io, ben felice poiché non mi piaceva insegnare, mollai l'insegnamento e mi trasferii a Milano per cominciare a lavorare lì. Era il periodo, secondo me, più bello della casa editrice, perché era quello in cui vi lavoravano personaggi di primissimo ordine, che in seguito hanno contribuito alla storia dell'editoria, per un verso o per l'altro. C'era Valerio Riva che si occupava della narrativa specie sudamericana e che in seguito

è stato per molti anni il responsabile del settore cultura dell'"Espresso"; c'era Mario Spagnol, che è poi diventato direttore prima alla Mondadori, poi alla Rizzoli e uno dei più importanti nomi della nostra editoria; c'erano tanti altri: Gian Paolo Dossena che poi passò a lavorare alla Rizzoli; tra quelli che ruotavano intorno alla casa editrice c'erano Alberto Arbasino, Nanni Balestrini, Oreste Del Buono. C'erano grosso modo due grandi settori: quello della narrativa e quello della saggistica.
Alla narrativa, con Riva, collaboravano Attilio Veraldi, che poi è diventato autore di gialli di successo, ed esterni vari.
Il settore della saggistica

comprendeva varie collane.
Mario Spagnol nel ’60 ebbe l’incarico
di seguire la saggistica
dell’Universale Economica,
di cui io ero collaboratore.
Con me lavoravano Danilo Montaldi
e Libero Sosio.

Vittorio Di Giuro

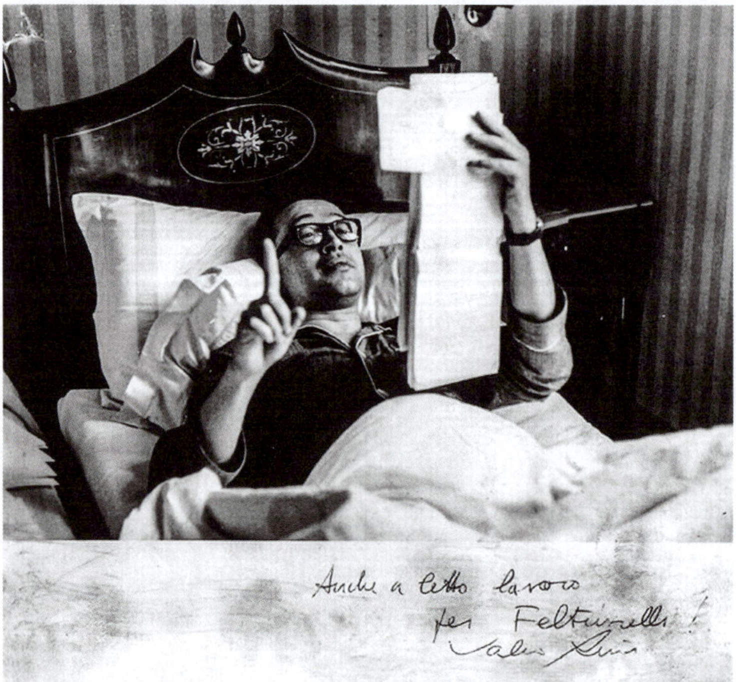

Valerio Riva, malato ma comunque al lavoro.

executive staff

Giangiacomo Feltrinelli	*publisher*
Giorgio Bassani	*editor: Italian fiction and modern classics*
Valerio Riva	*editor: foreign fiction*
Gian Piero Brega	*editor: non-fiction, philosophy, art*
Luigi Diemoz	*editor: non-fiction, essays on criticism, history*
Luciano Cafagna	*editor: economics, social science*
Michele Ranchetti	*editor: university text books*
Gian Paolo Dossena	*editor: pocket books*
Mario Spagnol	*editor: pocket books*
Mrs. Libera Venturini	*editor: science*
Prof. Ludovico Geymonat	*consultant for philosophy*
Prof. Carlo Muscetta	*consultant for Italian classics*
Prof. Massimo Aloisi	*consultant for science*
Mrs. Renata Cambiaghi	*secretary of editorial board*
Miss Xenia Schereschewsky	*rights*
Mrs. Alba Morino	*press relations, advertising*
Guido Mellini	*director of production*
Albe Steiner	*art director*
Achille Piatti	*treasurer*

Giangiacomo Feltrinelli e alcuni suoi collaboratori nella redazione di via Andegari.
Alla sua sinistra, Carlo Bo; alla sua destra, Enrico Filippini e Alba Morino.

Giangiacomo Feltrinelli
e Gian Piero Brega.

Un giorno le pareti della casa editrice cambiano colore: diventano tutte fauves, giallo cadmio, rosso segnale, verde scuro, forse con lo zampino di Inge: i libri diventano più aggressivi, più liberi, più nervosi: il giovanotto ha capito che la sovversione ora si fa altrimenti, che i gesti devono diventare più radicali e più spregiudicati.

Enrico Filippini

IO SONO UNA DONNA
DI GRANDE TALENTO!...
TAO!
PORC
LIBRA
FAGONE
MORINO
MARASA
MA CHI L'HA DETTO CHE
L'EDITORIA È UN'INDU-
STRIA LEGGERA?
UFFICIO
STAMPA
PRESIDENTE
TAGLIAFERRI
AMMINI-
STRAZIO
NE
BREGA

Un disegno di Alfredo Chiappori con l'organico della casa editrice. Al centro la presidente Inge Feltrinelli, Gian Piero Brega direttore editoriale, Maria Luisa Rotondi della segreteria editoriale, Carlo Mainoldi della redazione "Universale Economica", Silvio Pozzi, prudentemente nascosto, direttore amministrativo, Girolamo Marasà direttore tecnico, il grafico sommerso Giorgio Catalano, Vittorio Fagone responsabile delle pubblicazioni scientifiche, Alba Morino dell'ufficio stampa, Aldo Tagliaferri della narrativa italiana.

Inge Feltrinelli nel suo ufficio con Isabel Allende.

Inge e il suo staff, in posa per una rivista tedesca.

La nostra idea è sempre stata quella di una casa-bottega. Fino al 2016, per quasi sessant'anni, la casa editrice è stata nello stesso edificio, sullo stesso piano della nostra abitazione. L'idea è che un autore venga a trovarci per il lancio di un libro, condivida un piatto di spaghetti e, magari, depositi una nuova idea.

Inge Feltrinelli

Nathalie Sarraute, Umberto Eco, Aldo Tagliaferri e Elio Vittorini nella casa di via Andegari. Sullo sfondo, un'*Annunciazione*, identificata da Giovanni Agosti come l'ultima opera di Marco Palmezzano, dipinta nel 1538 per la chiesa di Santa Maria in Valverde a Forlì.

Patti Smith e Carlo Feltrinelli davanti allo stesso quadro.

30
-43

Bestseller

Alcuni libri del catalogo sono stati amati e continuano a essere amati da tanti lettori e tante lettrici. Sono libri che restano, classici.

Per Feltrinelli, la storia dei grandi successi comincia con *Il dottor Živago* e *Il Gattopardo*, primi bestseller dell'editore ma anche, in assoluto, primi grandi casi internazionali.

Giuseppe Tomasi di Lampedusa e la baronessa Alexandra von Wolff-Stomersee, principessa di Lampedusa, sua moglie.

La principessa di Lampedusa e Gioacchino Lanza Tomasi con Giangiacomo Feltrinelli.

L'editore al XIII Premio Strega, vinto da *Il Gattopardo*.

Burt Lancaster, il Principe di Salina nel film diretto da Luchino Visconti.

1957

IL DOTTOR ŽIVAGO

Boris Pasternak

1958

IL GATTOPARDO

Giuseppe Tomasi di Lampedusa

LA MIA AFRICA

Karen Blixen

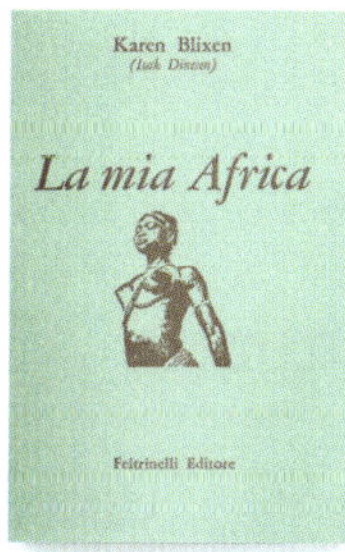

1959

1961

SOTTO IL VULCANO

Malcolm Lowry

1962

TROPICO DEL CANCRO

Henry Miller

IL BUIO OLTRE LA SIEPE

Harper Lee

1963

FRATELLI D'ITALIA

Alberto Arbasino

1964

LA BANALITÀ DEL MALE

Hannah Arendt

DIARIO IN BOLIVIA

Ernesto "Che" Guevara

CENT'ANNI DI SOLITUDINE

Gabriel García Márquez

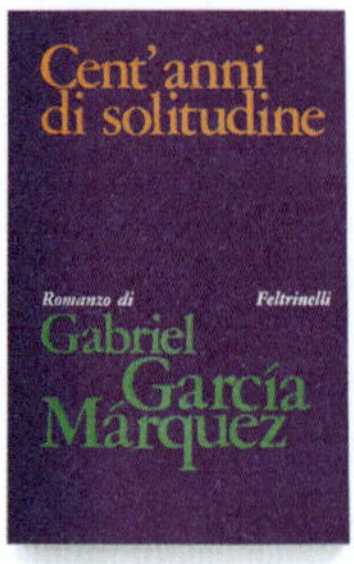

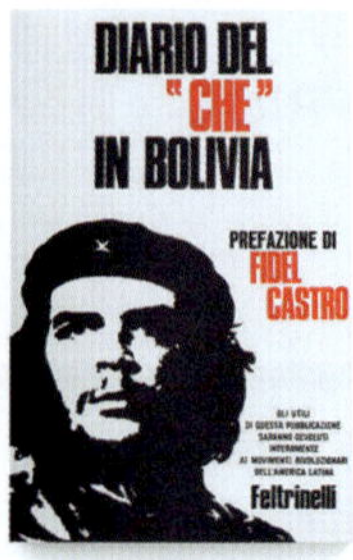

1968

1973

DALLA PARTE DELLE BAMBINE

Elena Gianini Belotti

1974

RAZZA PADRONA

Eugenio Scalfari, Giuseppe Turani

1975

STORIE DI ORDINARIA FOLLIA

Charles Bukowski

1978

GIOVANNI LEONE. LA CARRIERA DI UN PRESIDENTE

Camilla Cederna

1980

ALTRI LIBERTINI

Pier Vittorio Tondelli

LA CASA DEGLI SPIRITI

Isabel Allende

1983

1985

L'AMANTE

Marguerite Duras

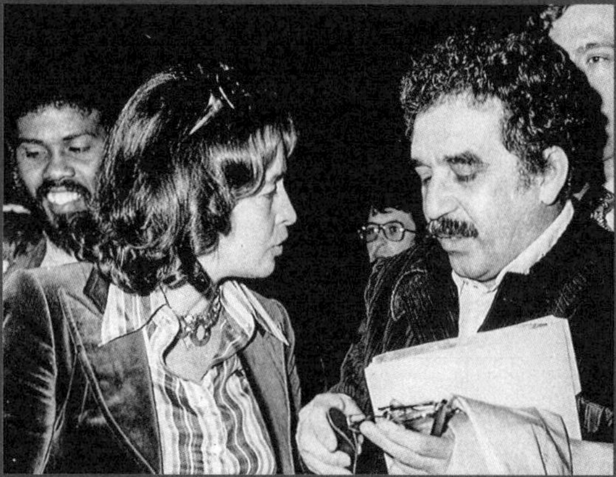

Inge Feltrinelli con:

Charles Bukowski;
Eugenio Scalfari e Giuseppe Turani;
Gabriel García Márquez;
Camilla Cederna.

1986

L'AMICO RITROVATO

Fred Uhlman

UN GENITORE QUASI PERFETTO

Bruno Bettelheim

1987

1989

DONNE CHE AMANO TROPPO

Robin Norwood

1991

KITCHEN

Banana Yoshimoto

IL PARADISO DEGLI ORCHI

Daniel Pennac

LA COMPAGNIA DEI CELESTINI

Stefano Benni

1992

1994

NOVECENTO

Alessandro Baricco

SOSTIENE PEREIRA

Antonio Tabucchi

1995

IL CORAGGIO DEL PETTIROSSO

Maurizio Maggiani

LA FAMIGLIA WINSHAW

Jonathan Coe

PASSAGGIO IN OMBRA

Mariateresa Di Lascia

1999

PAPPAGALLI VERDI

Gino Strada

2000

VIA GEMITO

Domenico Starnone

Giorgio Bocca e Inge Feltrinelli.

Daniel Pennac, Stefano Benni, Alessandro Baricco, Carlo Feltrinelli e Richard Ford.

Antonio Tabucchi, Marcello Mastroianni, Inge Feltrinelli, Mário Soares e Christian Bourgois.

MONTEDIDIO

Erri de Luca

2001

2002

LA MENNULARA

Simonetta Agnello Hornby

PICCOLO CESARE

Giorgio Bocca

I NO CHE AIUTANO A CRESCERE

Asha Phillips

2003

TRE METRI SOPRA IL CIELO

Federico Moccia

FAHRENHEIT 9/11

Michael Moore

2004

2007

L'OSPITE INQUIETANTE

Umberto Galimberti

2010

HANNO TUTTI RAGIONE

Paolo Sorrentino

2013

GLI SDRAIATI

Michele Serra

PER DIECI MINUTI

Chiara Gamberale

2014

NON DIRMI CHE HAI PAURA

Giuseppe Catozzella

LA PARANZA DEI BAMBINI

Roberto Saviano

2016

2018

LE ASSAGGIATRICI

Rosella Postorino

...CHE DIO PERDONA A TUTTI

Pif

Inge Feltrinelli e Chiara Gamberale.
Gianluca Foglia e Roberto Saviano.

LA LUCE DELLE STELLE MORTE

Massimo Recalcati

2022

2023

IL COGNOME DELLE DONNE

Aurora Tamigio

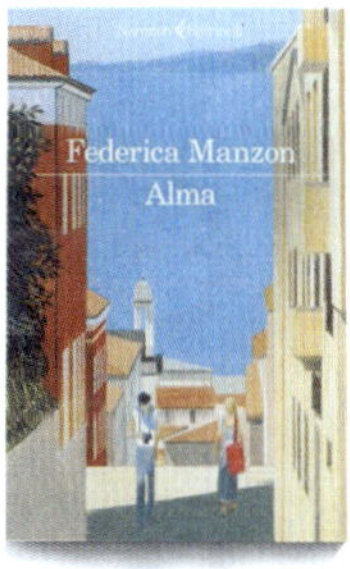

ALMA

Federica Manzon

2024

2025

L'ANNIVERSARIO

Andrea Bajani

DI MADRE IN FIGLIA

Concita De Gregorio

44
- 63

Collane

I libri si pensano e si pubblicano uno per volta, certo. Ciascuno con la sua individualità.

Ma poi i libri si richiamano, si apparentano, costruiscono campi di forze che generano assonanze e dissonanze, chiamate e risposte. L'editore prova a intercettare questi campi di forze,

Poesia ed errore
La raganella
Capitale mancata
L'estate della menzogna
Elegie di Croton
Racconti drammatici
La Maria Brasca
Giorni travestiti da giorni
Il profumo dei tigli
Una parigina
Le porte dell'Appennino
Parigi o cara
L'Arialda
Racconti
Zebio Còtal
Natale non mio
Il disertore
La dama selvatica
La farfalla e la rosa
Dal ponte dell'Ariccia
Dopo Campoformio
La torre delle torture
Poesie a ritroso
Cortile a Cleopatra
Cronache cattive
La peddi nova
Feltrinelli

a definirli per primo quando covano nelle pieghe della società, del dibattito pubblico, della ricerca scientifica, nella sensibilità del tempo, nelle frontiere della creatività.
E li chiama "collane": serie collettive di cui ogni libro è un tassello. Alcune durano decenni, altre pochi mesi – in 70 anni sono state centinaia.

Ma tutte, nel prendere forma titolo dopo titolo, contribuiscono a definire la visione dell'editore, il suo territorio, la sua "opera aperta".
In una parola: il suo catalogo.

Gianluca Foglia
Direttore editoriale

Albe Steiner, Massimo Vignelli, Bob Noorda, Salvatore Gregorietti: hanno collaborato a definire l'identità grafica delle collane Feltrinelli.

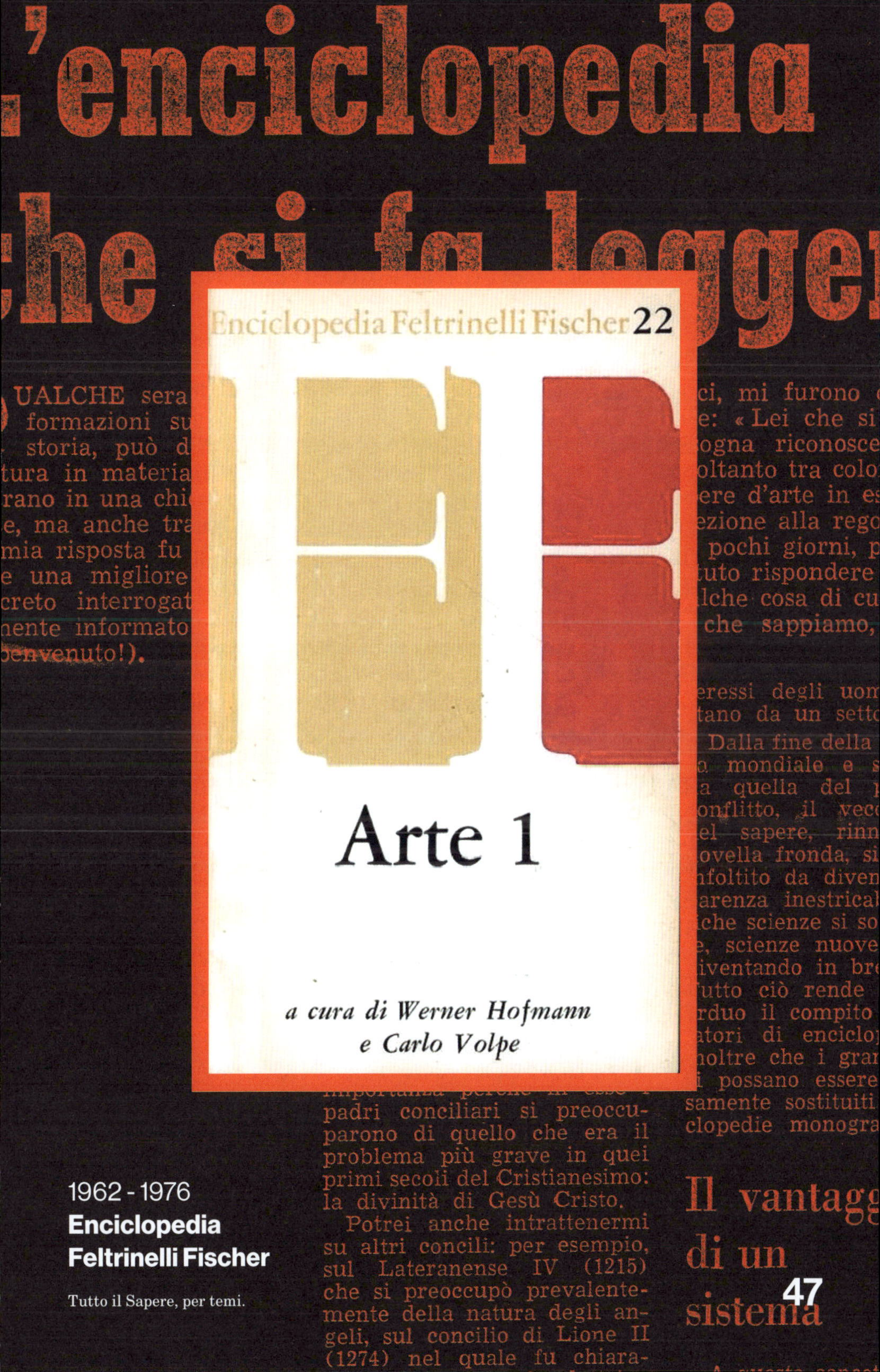

1962 - 1976
Enciclopedia
Feltrinelli Fischer

Tutto il Sapere, per temi.

AL VERTICE – ANNI NOVANTA – ARTE E TEORIA DELL'ARTE – ARTI E MESTIERI – GLI ASTRI – ATTUALITÀ – ATTUALITÀ SCIENTIFICA – AUDIOLIBRI EMONS FELTRINELLI – AUDIOLIBRI FELTRINELLI – BIBLIOTECA DI CLASSICI ITALIANI – BIBLIOTECA DI LETTERATURA – BIBLIOTECA DI MUSICA – BIBLIOTECA DI NARRATORI FELTRINELLI – **BIBLIOTECA DI PSICHIATRIA E DI PSICOLOGIA CLINICA** – LA BIBLIOTECA IDEALE – BIBLIOTECA SCIENTIFICA FELTRINELLI – BIOGRAFIE – IL BRIVIDO E L'AVVENTURA – **CAMPI DEL SAPERE** – CAMPI DEL SAPERE/CULTURE – CAMPI DEL SAPERE/QUADERNI JURA GENTIUM – I CANGURI – CLESSIDRA VERDE – COLLANA DI AGGIORNAMENTO E DIDASSI – COLLANA DI MATEMATICA – COLLANA DI PERIODICI ITALIANI E STRANIERI – **LE COMETE** – COSE ITALIANE – CRITICA E FILOLOGIA – DOCUMENTI E DISCUSSIONI – EBOOK FELTRINELLI – EDIZIONI LIBRERIE FELTRINELLI – EDIZIONI SCOLASTICHE – ELEMENTI – **ENCICLOPEDIA FELTRINELLI FISCHER** – EPISTOLARI – EREDI – I FATTI E LE IDEE – I FATTI E LE IDEE, SAGGI E BIOGRAFIE – FELTRINELLI – FELTRINELLI BOCCA/ LOGICA E FILOSOFIA DEL LINGUAGGIO – FELTRINELLI BOCCA/SEMIOTICA E PRATICA SOCIALE – FELTRINELLI BO – **FELTRINELLI COMICS** – FELTRINELLI FOX CRIME – FELTRINELLI FUOCHI – FELTRINELLI JUNIOR – FELTRINELLI JUNIOR ILLUSTRATI – FELTRINELLI KIDS – FELTRINELLI KIDS/ BABÙ – FELTRINELLI KIDS/I BRUCHI – FELTRINELLI KIDS/ IL GATTO NERO – FELTRINELLI NOVA – FELTRINELLI ROUGH GUIDES – FELTRINELLI ROUGH GUIDES MINI – FELTRINELLI ROUGH GUIDES POCKET – FELTRINELLI ROUGH GUIDES/ EASY – FELTRINELLI TEATRO – FELTRINELLI TRAVELLER – FELTRINELLI TRAVELLER/OSSIGENO – FELTRINELLI UP – FELTRINELLI/MORELLINI – FILOSOFIA DELLA SCIENZA – FLUO – FONDAZIONE FELTRINELLI/RICERCHE – **FRANCHI NARRATORI** – FUORI COLLANA – FUORI COLLANA/ FOOD FOR NEW THOUGHT – GIALLI FELTRINELLI K 350 – **GRAMMA** – GRANDI LETTURE FELTRINELLI – GRANDI OPERE ILLUSTRATE – GUIDE E MANUALI – HOME CINEMA/LE NUVOLE – **HOME CINEMA/REAL CINEMA** – **IDEE** – **IMPRONTE** – INDIES – **INTERZONE** – ISTITUTO NAZIONALE DI ECONOMIA

AGRARIA – KIDS/SAGGISTICA NARRATA – L'AVVENTURA – L'AVVENTURA UMANA – LAEFFE FILM FESTIVAL – LIBELLI LIBRI PER RAGAZZI – MANUALI DI AUTODIFESA E PRATICA SOCIALE – LIBRI FOTOGRAFICI – MANUALI DI MEDICINA PRATICA – MATERIALI – MEDIA – MEDICINA E POTERE – IL MONDO DELLA FIGURA –NARRATIVA – **I NARRATORI DI FELTRINELLI** – NARRATORI FELTRINELLI TEATRO – NUOVA BIBLIOTECA – NUOVA SERIE FELTRINELLI – NUOVI MATERIALI – NUOVI SAGGI SCIENTIFICI – I NUOVI TESTI – OPERE DI ERNESTO CHE GUEVARA – OPERE DI G.C. ARGAN – OPERE DI GAETANO SALVEMINI – OPUSCOLI – OPUSCOLI MARXISTI – IL PENSIERO SOCIALISTA – POESIA – PRESENZE – PROBLEMI DI SESSUOLOGIA – IL QUADRIFOGLIO – SAGGI – SAGGI BREVI – SAGGI DI ECONOMIA E SCIENZE SOCIALI – SAGGI FELTRINELLI – SAGGI SCIENTIFICI – SATIRA POLITICA – SC/10 – SCIENZA NUOVA – SCINTILLE – SCRITTURE LETTURE – LA SCULTURA ITALIANA DI JOHN POPE – HENNESSY – SENIOR SERVICE BOOKS – **SERIE BIANCA** – SOS UMANITÀ – LE STELLE – STORIA DEL MONDO MODERNO – STORIA DELL'ITALIA MODERNA DI GIORGIO CANDELORO – STORIA DELLA FILOSOFIA – STORIA DELLA MUSICA – STORIA FELTRINELLI – STORIA UNIVERSALE FELTRINELLI – STORICI E MEMORIALISTI MODERNI – STORIE FELTRINELLI – STRUMENTI PER UNA NUOVA SCUOLA – SUPER UE – TAGLI – TEMPO RITROVATO – TESTI UNIVERSITARI – TOGETHER FOR CULTURE/AMICI DELLA SCALA – UNIVERSALE ECONOMICA – UNIVERSALE ECONOMICA 70 – UNIVERSALE ECONOMICA/ NOIR – UNIVERSALE ECONOMICA RAGAZZI – UNIVERSALE ECONOMICA RAGAZZI I CLASSICI – UNIVERSALE ECONOMICA RAGAZZI I GIALLI – UNIVERSALE ECONOMICA/ I CLASSICI – UNIVERSALE ECONOMICA/ONDE – UNIVERSALE ECONOMICA/ORIENTE – UNIVERSALE ECONOMICA/ PER COMINCIARE – UNIVERSALE ECONOMICA/SAGGI – UNIVERSALE ECONOMICA/STORIA – UNIVERSALE ECONOMICA/TRAVELLER – UNIVERSALE ECONOMICA/VITE NARRATE – URRA FELTRINELLI – VARIA – SAVE THE PARENTS – VARIA/FELTRINELLI – VINTAGE – VITA/FELTRINELLI – ZOOM ACADEMY – ZOOM BOX – ZOOM FILTRI – ZOOM FLASH – ZOOM FOOD – ZOOM MACRO – ZOOM POESIA – ZOOM WIDE

1961 - 1994

Biblioteca di Psichiatria e di Psicologia clinica

Diretta da Gaetano Benedetti e Pier Francesco Galli. Libri per conoscere la mente e le sue patologie.

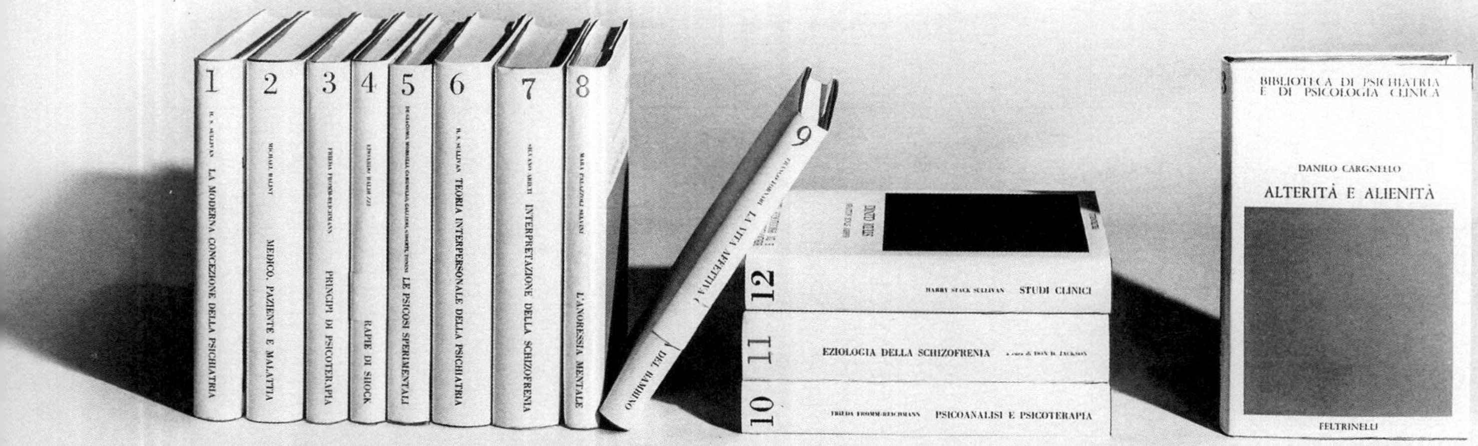

1959 - 1967, poi riaperta nel 2001

Le Comete

Grandi libri di grandi autori, italiani e internazionali.

1983 a oggi
Campi del Sapere

Saggi di approfondimento in tutte le aree delle scienze umane.

1983

2001

Le date indicano variazioni stilistiche
nella grafica delle copertine.

2018 a oggi
Comics

Diretta da Tito Faraci. Le nuove frontiere del fumetto italiano, e non solo.

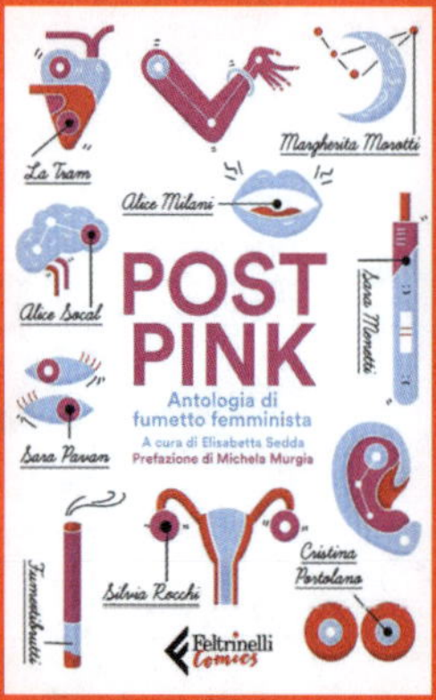

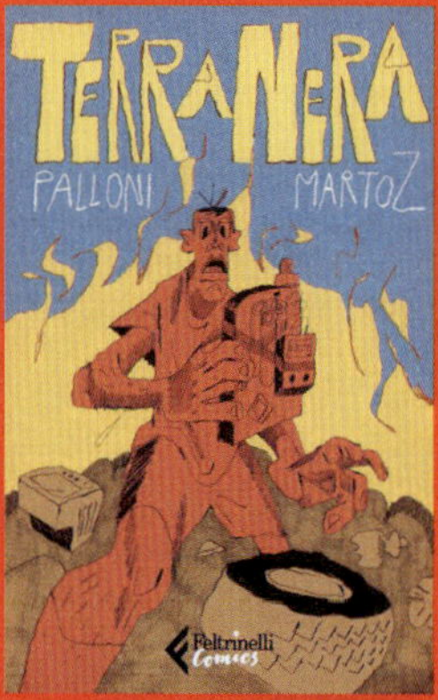

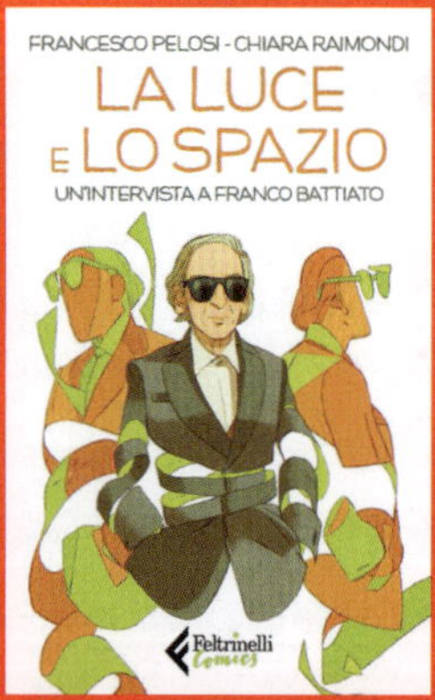

1970 - 1983
Franchi Narratori

Storie e testimonianze dalla penna di narratori inaspettati.

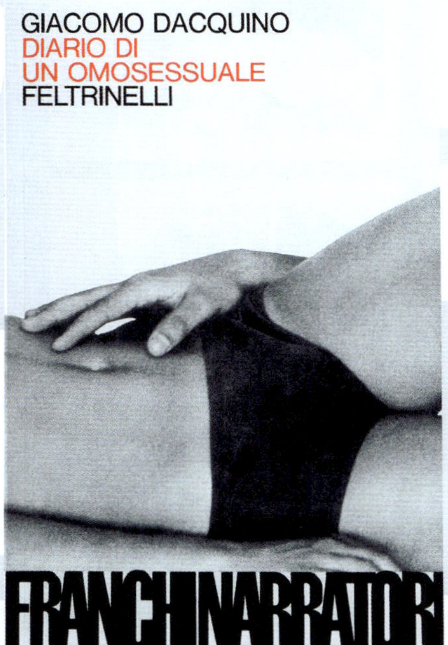

2024 a oggi
Gramma

Diretta da Giuseppe Russo. La scrittura come strumento privilegiato di scoperta, letteraria e civile.

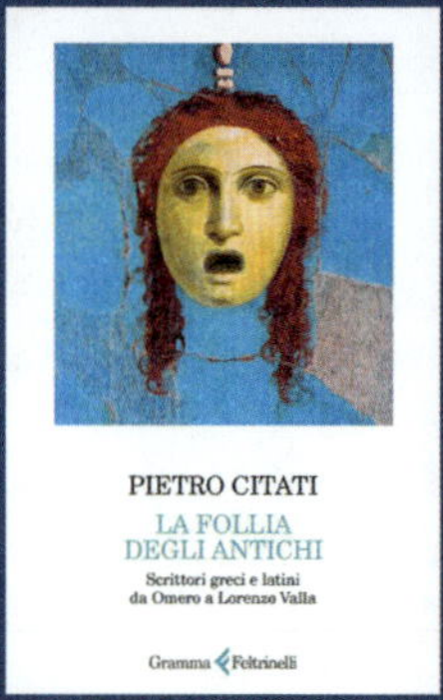

1983 - 1995 poi riaperta nel 2025

Idee

Interventi brevi per orientarsi nelle grandi questioni del nostro tempo.

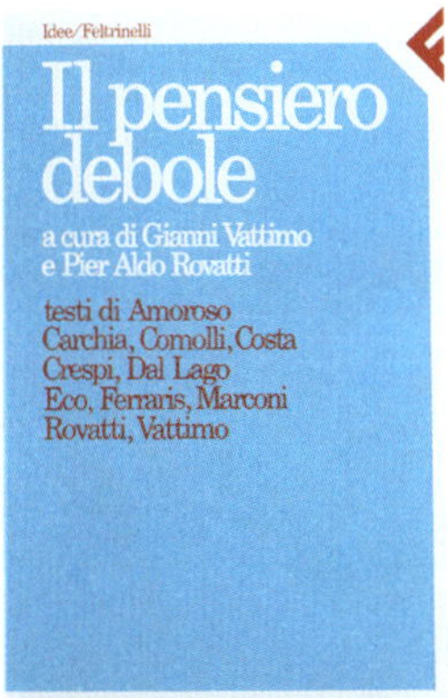

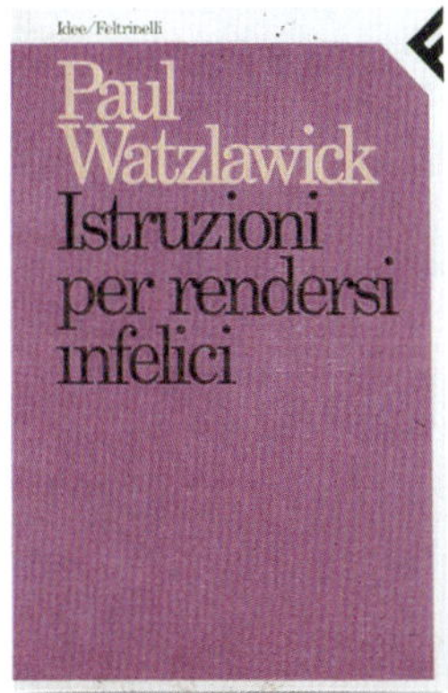

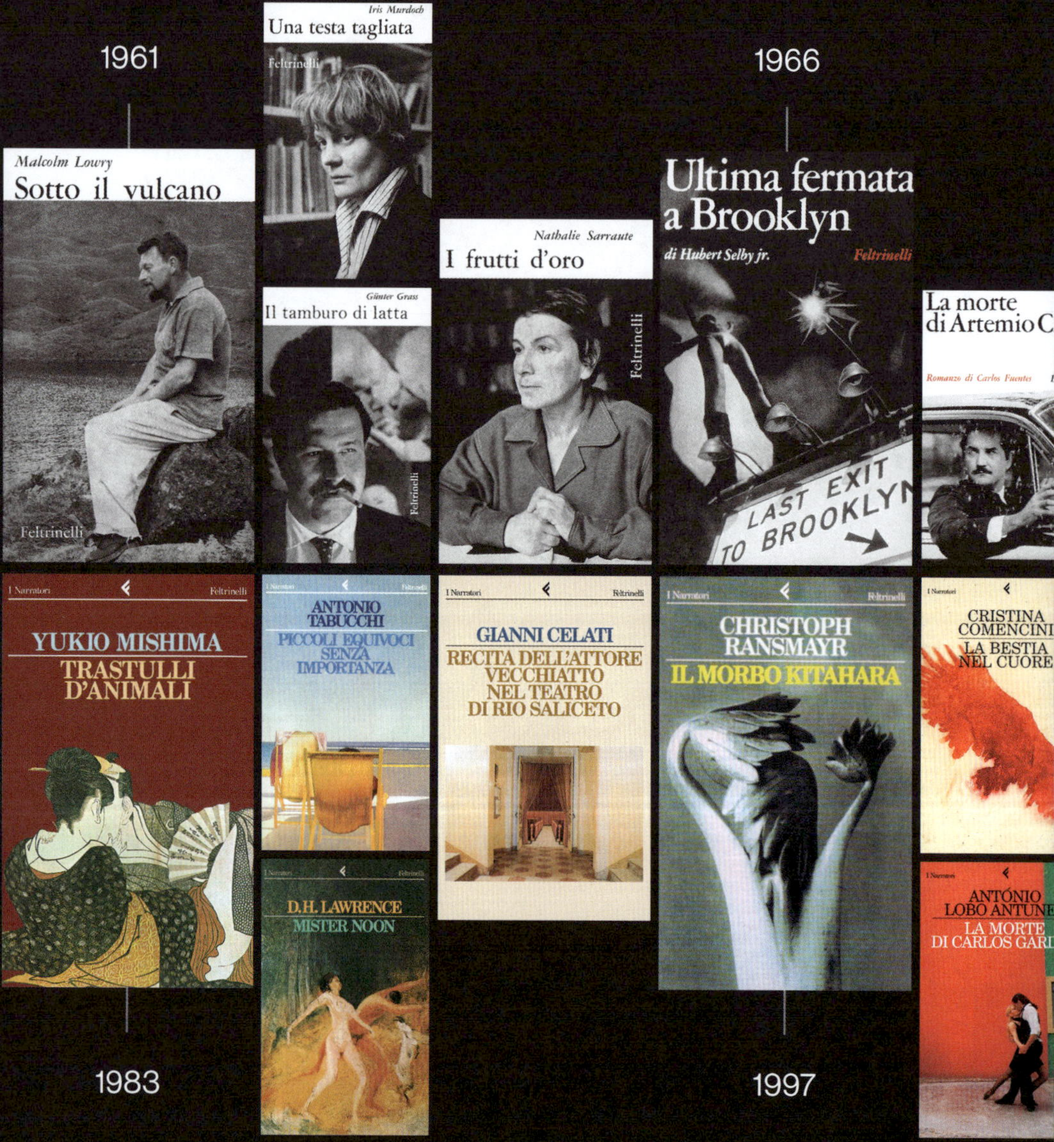
1961
Malcolm Lowry
Sotto il vulcano
Feltrinelli
Iris Murdoch
Una testa tagliata
Feltrinelli
Günter Grass
Il tamburo di latta
Feltrinelli
Nathalie Sarraute
I frutti d'oro
Feltrinelli
1966
Ultima fermata a Brooklyn
di Hubert Selby jr.
Feltrinelli
LAST EXIT TO BROOKLYN
La morte di Artemio C
Romanzo di Carlos Fuentes
I Narratori
Feltrinelli
YUKIO MISHIMA
TRASTULLI D'ANIMALI
ANTONIO TABUCCHI
PICCOLI EQUIVOCI SENZA IMPORTANZA
D.H. LAWRENCE
MISTER NOON
GIANNI CELATI
RECITA DELL'ATTORE VECCHIATTO NEL TEATRO DI RIO SALICETO
CHRISTOPH RANSMAYR
IL MORBO KITAHARA
CRISTINA COMENCINI
LA BESTIA NEL CUORE
ANTÓNIO LOBO ANTUNE
LA MORTE DI CARLOS GARI
1983
1997

1967
Raccatta cadaveri
Romanzo di Feltrinelli
Juan Carlos Onetti
Sopra il museo della scienza
Racconti di Feltrinelli
Renzo Rosso
bastarda
Violette Leduc Feltrinelli
La città e i cani
Romanzo di Feltrinelli
Mario Vargas Llosa
Coppie
Romanzo di Feltrinelli
John Updike
Nunquam
Romanzo di Feltrinelli
Lawrence Durrell
Feltrinelli
AMOS OZ
UNA STORIA DI AMORE E DI TENEBRA
Narratori Feltrinelli
Louise Erdrich
La casa tonda
Narratori Feltrinelli
Maylis de Kerangal
Riparare i viventi
Narratori Feltrinelli
TRUST
HERNAN DIAZ
Narratori Feltrinelli
Maurizio Maggiani
L'eterna gioventù
Knausgård
I LUPI NEL BOSCO DELL'ETERNO
2013

1983 - 1993
Impronte

Ricerca letteraria, riscoperte di catalogo,
libri che hanno lasciato il segno.

1995 - 2001
InterZone

A cura di Ermanno “Gomma” Guarneri e Raf “Valvola” Scelsi.
La prima collana ad aver esplorato gli impatti della rivoluzione digitale.

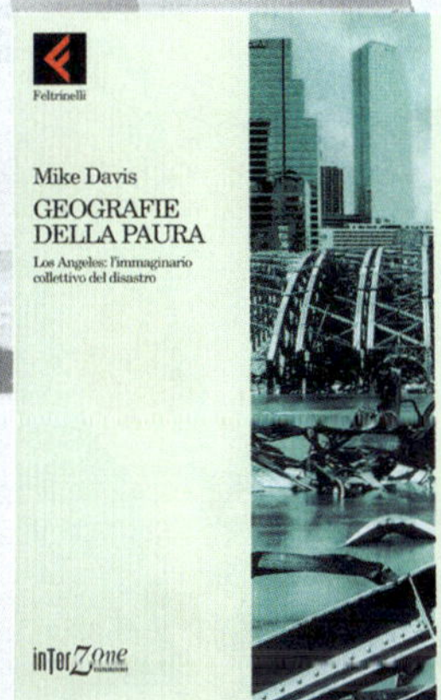

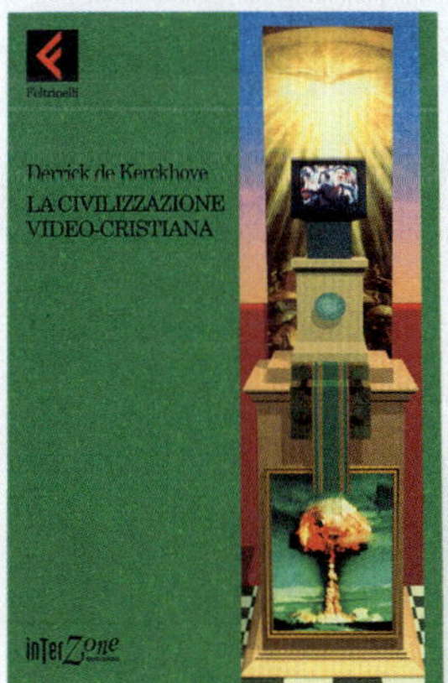

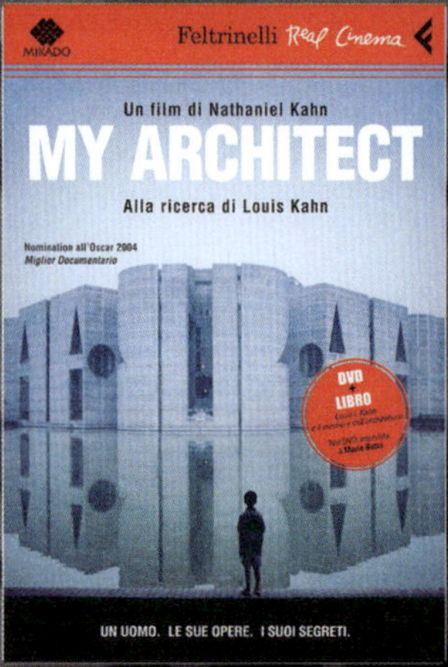

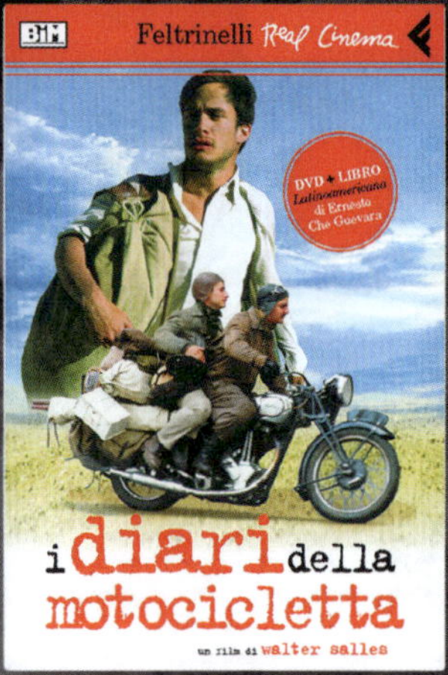

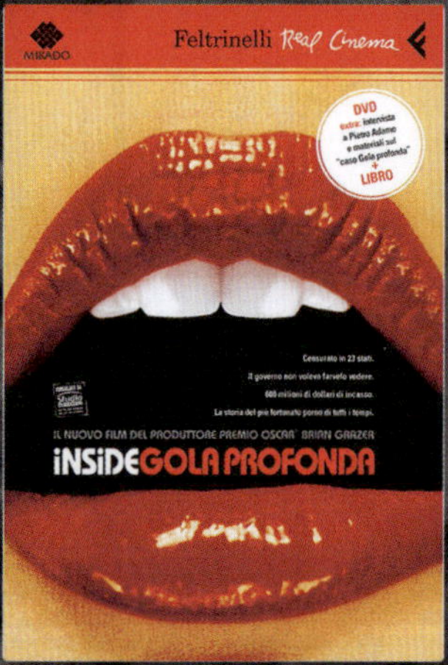

2004 - 2019
Real Cinema

Documentari e storie originali per “Lettori di Cinema”.

1995 - 2023
Serie Bianca

Saggi, attualità, inchieste dall'Italia e dal mondo.

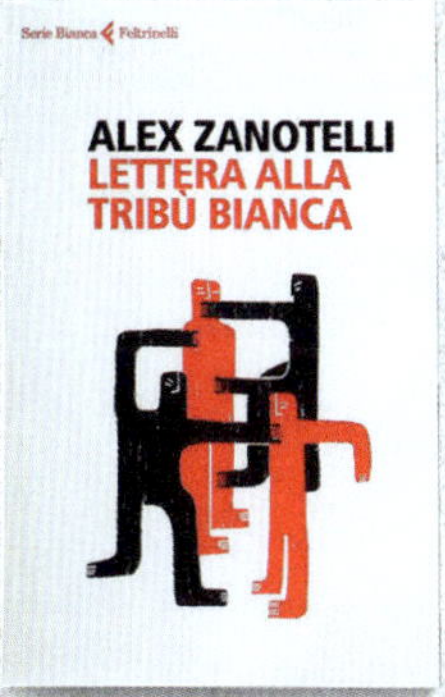

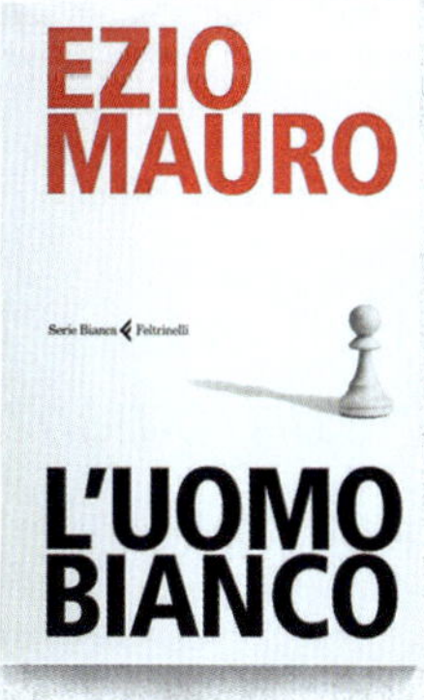

64 -67

Diritti del lettore

Daniel Pennac,
da *Come un romanzo*, 1993.

1. Il diritto di non leggere
2. Il diritto di saltare le pagine
3. Il diritto di non finire il libro
4. Il diritto di rileggere
5. Il diritto di leggere qualsiasi cosa
6. Il diritto al bovarismo
7. Il diritto di leggere ovunque
8. Il diritto di spizzicare
9. Il diritto di leggere ad alta voce
10. Il diritto di tacere

ALLENDE
MISHIMA
BENNI
PASTERNAK
SARAMAGO
BLIXEN
TABUCCHI
FORD
ARENDT
BASSANI
MILLER
BARICO
NO
MORESCO
LOWRY
GRASS
BUKOWSKI
DE LUCA
Dove sono? Sto leggendo da feltrinelli
MA CHE FAI? PENNAC?

Un disegno-dedica di Daniel Pennac.

68-79 Editori

È strana, la comunità degli editori. Amici, nemici, rivali: la sera possono ballare insieme in una festa alla fiera di Francoforte, la mattina dopo contendersi libri e autori fino all'ultimo respiro.

Alcuni, tra cui importanti editori internazionali, cementano con Feltrinelli un'amicizia lunga decenni, fatta di progetti comuni, battaglie civili, ricerca di nuovi talenti, costante solidarietà reciproca. E qualcuno, negli ultimi anni, diventa un vero e proprio compagno di strada.

A sinistra, Inge Feltrinelli tra Heinrich Maria Ledig-Rowohlt e Christian Bourgois.

Giangiacomo Feltrinelli e Kurt Wolff, grande editore tedesco.
Ha scoperto Kafka, poi esule negli Stati Uniti ha fondato Pantheon Books.

MAJOR
Dux Major
DUX MAJOR

1
2
3
4
11
12
13
14

5
6
7
8
9
10
15

1) Ignacio Cardenal
Spagna, (Madrid)

2) Tom Maschler
Londra

3) Ed Victor USA

4) IVAN NABOKOV

5) Jorge de Heralde
Barcelona

6) Robert van Gennep
Amsterdam

7) Peter Mayer
New York —
London

8) Giulio Einaudi

9) Antonio Lopez de
Madrid, (Barcelona)

10- Christian Bourgois
Paris

11.) Christoph
Schlotterer
Monaco, Germania

12.) Antoine Gallimard

13.) D.F.

14.) Mathew EVANS
Londra

15.) Klaus
Wagenbach

A PROPOSITO DI EDITORI E MARCHI EDITORIALI, FELTRINELLI È ANCHE...

Marsilio, fondata nel 1961 e di stanza a Venezia: celebre e autorevole grazie a Cesare De Michelis, oggi è guidata dal figlio Luca che nel 2021 ha fondato Marsilio Arte. Inoltre, dentro Marsilio prosegue l'avventura del marchio Sonzogno, inaugurato dallo stampatore e tipografo Giovan Battista Sonzogno nel 1804.

Gribaudo, fondata a Cuneo nel 1976: oggi è uno dei principali marchi di libri per ragazzi di tutte le fasce d'età, del tempo libero, della cucina, dello sport e dell'insegnamento delle lingue.

Apogeo, dal 1989 leader del mercato italiano nella manualistica tecnico-informatica di qualità: oggi si è aperta anche alla saggistica e alla divulgazione nel campo della fotografia, del business, dell'innovazione e della scienza.

SEM (Società Editrice Milanese), fondata nel 2016: il suo DNA è la ricerca sperimentale nella narrativa di genere e nella pop culture.

Crocetti, fondata nel 1981 da Nicola Crocetti che ancora la ispira: 5.000 poeti da 40 lingue, oltre 70.000 poesie, e una ricerca letteraria focalizzata sull'area mediterranea e balcanica.

A sinistra, Cesare De Michelis e, a destra, Carlo Feltrinelli e Nicola Crocetti.

E NON SOLO ITALIA...

Anagrama, fondata nel 1969 a Barcellona da Jorge Herralde che ne ha fatto una delle case editrici più prestigiose nel contesto culturale spagnolo e dell'America Latina. Nata durante l'ultima stagione del franchismo, è diventata il punto di riferimento della produzione underground, della ricerca letteraria, della saggistica di qualità e dell'impegno politico.

Il suo catalogo è costellato di grandi autrici e autori di lingua spagnola scoperti e lanciati nel mondo, tra cui negli ultimi anni Mariana Enriquez, Sara Mesa, Guadalupe Nettel, Benjamín Labatut.

E accanto a loro, un catalogo di traduzioni che copre la migliore letteratura e saggistica internazionale, tra cui gli autori italiani Alessandro Baricco, Antonio Tabucchi, Niccolò Ammaniti, Roberto Saviano, Paolo Sorrentino, Sandro Veronesi, Melania Mazzucco, Vincenzo Latronico.

Jorge Herralde ha voluto Feltrinelli come partner già nel 2010, cedendo la casa editrice nel 2019.

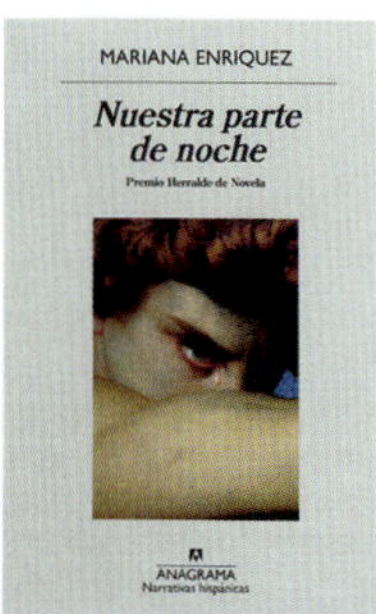

In alto a destra, il team Anagrama.
In basso, Jorge Herralde con la moglie Lali Gubern.

80 - 85

Friends

È fiducia. È sintonia. È stima reciproca. Talvolta è una dialettica persino aspra che poi trova una sintesi condivisa. Di certo è un legame che può srotolarsi nelle stagioni, negli anni. Ed è qualcosa di più di un legame professionale perché attraverso i libri, le iniziative, i chilometri fatti insieme per far viaggiare storie e idee, o anche solo per ritrovarsi, i legami diventano personali. Relazioni.

Per questo, nel corso dei decenni, la storia di Feltrinelli è – appunto – anche la storia di una grande rete di amicizie.

moderna
(1890-1960)
Feltrinelli
CANNIBALI E RE
PARTITI
MOVIMENTI
CORRENTI IDEALI
NELLA SINISTRA
Feltrinelli
CINI
Valerio Magrelli
Ora serrata
retinae
Feltrinelli
KANDINSKY
Scritti politici di
Gabriele D'Annunzio
EMANUELE PADOA
MANUALE DI
ANATOMIA
COMPARATA
DEI VERTEBRATI
FELTRINELLI
CAPRONE COBBLER
MANUEL SCORZA
CANTARE
DI AGAPITO ROBLES
CARRÀ
ARCHIVIO
PIETRO SECCHIA
1945-1973
IL MONDO INTERNO
DELL'ESTERNO
DELL'INTERNO
MEDICINA E POTERE
Paola M. Manacorda
INFORMATICA
SANITARIA
Storia ideologia tecnologia
SONZAINI
1915
1920
THOMAS MÜNZER
TEOLOGO
DELLA RIVOLUZIONE
Il re "vittorioso"
Modelli e analogie
nella scienza
DA GALILEO A NEWTON
1630-1720
René Crevel
Il Clavicembalo
di Diderot
e altri scritti

Feltrinelli
1955/1980
STORIA UNIVERSALE
10 FELTRINELLI
SANITÀ
E SALUTE
SOCIALE
Feltrinelli
IL CASO 7 APRILE
CANNIBALI E RE
AVVELENATO DA DIO
VALERIO MAGRELLI
Feltrinelli
Introduzione alle
geometrie finite
L'ASINO
moro
Interferenze
Storia
e insegnamento
della storia
NOI E I NOSTRI FIGLI
i venti anni della
Feltrinelli
FRIEDRICH HÖLDERLIN
SUL TRAGICO
magritte
disteso in una piccola barca
un metro al limite da una meta
allunga un braccio la mano non trova
l'immagine distesa sul muro è corpo
appoggia una mano all'ombra si mette
seduto e dice: ancora
AYME, 131
Omosessualità
NERO DI PUGLIA

Lispector
Le passioni e i legami
STEFANO BENNI
La bambina che parlava ai libri
Effe
ALESSANDRO MARI
Troppo umana speranza
FATE L'AMORE
NON LA GUERRA
Sotto il Vulcano
Creazione
VERSO IL PARADISO

Feltrinelli
1955/2025
Giovanni Testori
LUCHINO
A cura di Giovanni Agosti
Sotto il Vulcano
Cronache dal mondo nuovo
BOB DYLAN
"ROUGH AND ROWDY WAYS"
Giuseppe Morici
CRESCERE E UNA COSA DA GRANDI
IL MONDO PERDUTO
a_vision
Rodolfo Montuoro
IL RAZZISMO È UNA BRUTTA STORIA

86
- 101

Giangiacomo

Giangiacomo aveva un carattere tipicamente timido e aggressivo, molto puritano e capace di scoppi d'allegria esagerata, però quasi incapace di relax. Bisogni, niente. Desideri, non se ne parla. Aveva alcuni tratti grandi-borghesi precisi: il valutare direttamente e senza perifrasi di cortesia l'economicità delle operazioni, addirittura con un'affettazione manageriale di calcoli di costi e ricavi improvvisati con carta e matita lì al momento, il cambiar tema facendo cortesi domande su argomenti interessanti per l'interlocutore, quando la conversazione arrivava a una impasse; il timore non confessato ma visibile di venir frequentato solo per i suoi soldi, e dunque un certo ritegno e difficoltà nello stabilire rapporti semplici e distesi.

Ma il tono manageriale scompariva immediatamente quando si usciva dall'ufficio e si passava al pranzo o al weekend: come se si proponesse di diversificare vistosamente il Privato dal Business. Non vorrei mostrare delle false ingenuità, ma non capisco perché ogni tanto veniva considerato un eccentrico milanese: certo, in un milieu dove novantanove andavano a Portofino, e tutt'al più a un safari in Kenya, uno che va a Cuba sembra più stravagante che non a Londra, dove su uno

Illustrazione di Marta Baroni tratta da *Cambiare il mondo con i libri* di Mattia Tombolini.

Accanto, manifesto della mostra del 2002 "Giangiacomo Feltrinelli, editore e rivoluzionario" al museo Strauhof di Zurigo.

Giangiacomo Feltrinelli.
Verleger und Revolutionär
15. März bis 26. Mai 2002
STRAUHOF ZÜRICH
LITERATUR AUSSTELLUNGEN

che va a Brighton gli altri novantanove vanno a Samarcanda o nel Kashmir. Ma attraverso la continua irrequietezza e i tanti entusiasmi successivi, si sentiva soprattutto una grande vivacità, una inesauribile capacità di esuberanza. Ricordo, per esempio, il progetto lungamente coltivato di una Storia del Gusto nell'Italia del Novecento (che non si fece perché mi passò la voglia) e una euforia per i tovaglioli e i giochi di carta colorata, che riempirono per qualche tempo le librerie Feltrinelli. (Se il cinema italiano non fosse cretino e vago, con tali materiali un piccolo nuovo Orson Welles poteva fare un piccolo nuovo Citizen Kane.)

Alberto Arbasino
Un paese senza

Giangiacomo è stato un vero homo novus, come ebbe a dire il grande editore Kurt Wolff. È stato un editore geniale, pluralista, per niente dogmatico... Era un uomo cosmopolita e senza etichette. Cercava i libri 'necessari' ed era convinto che bisognasse coltivare i vari livelli della cultura: dai saggi sperimentali da mille copie, alla letteratura di grande qualità, a quella di consumo, purché intelligente...

Lui era un imprenditore moderno della cultura, non solo un editore. Era un uomo che non si accontentava di fare una cosa, voleva farne tante... Era un uomo profondamente di sinistra, nel senso migliore del termine. E c'era in lui

una certa pazzia, un desiderio di fare l'impossibile che, certo, lo portò anche a sbagliare e a perdersi... Voleva cambiare il mondo ma il suo non era un romanticismo kitsch. Se mai era un romanticismo alla tedesca, che contiene sempre un elemento di tragicità...

Inge Feltrinelli
Inge Film

Giangiacomo Feltrinelli
con Enrico Filippini e Uwe Johnson.

Thanks...
20 CIGARETTES
SENIOR SERVICE
The Perfection of Cigarette Luxury
Tobacco at Its Best

SENIOR SERVICE, USCITO A FINE 1999, NON È MAI STATO INTESO COME UNA VERA BIOGRAFIA, TANTO MENO "UFFICIALE": IL GENERE NON S'INVENTA E HA I SUOI CODICI. MA NON È NEMMENO UNA TELEMACHIA, ANCHE SE QUALCUNO L'HA INTESO COSÌ, PERCHÉ NON ERA NECESSARIA. HO VOLUTO SCRIVERE QUESTO LIBRO A UN CERTO PUNTO DEI MIEI TRENT'ANNI PER AMMIRAZIONE, PER RABBIA, PER AMORE E PERCHÉ ERA LA STORIA PIÙ POTENTE CHE CONOSCEVO.

A sinistra, la pubblicità di Senior Service, le sigarette preferite di Giangiacomo Feltrinelli.

Prova di copertina non utilizzata

A sinistra, Giangiacomo Feltrinelli con James Baldwin.
Sotto, con Henry Miller e Alfred Hitchcock.

Giangiacomo Feltrinelli con Mario Spagnol alla Fiera di Francoforte,
prima metà degli anni sessanta.

FELTRINE
EDITORE MILA
ALFRED

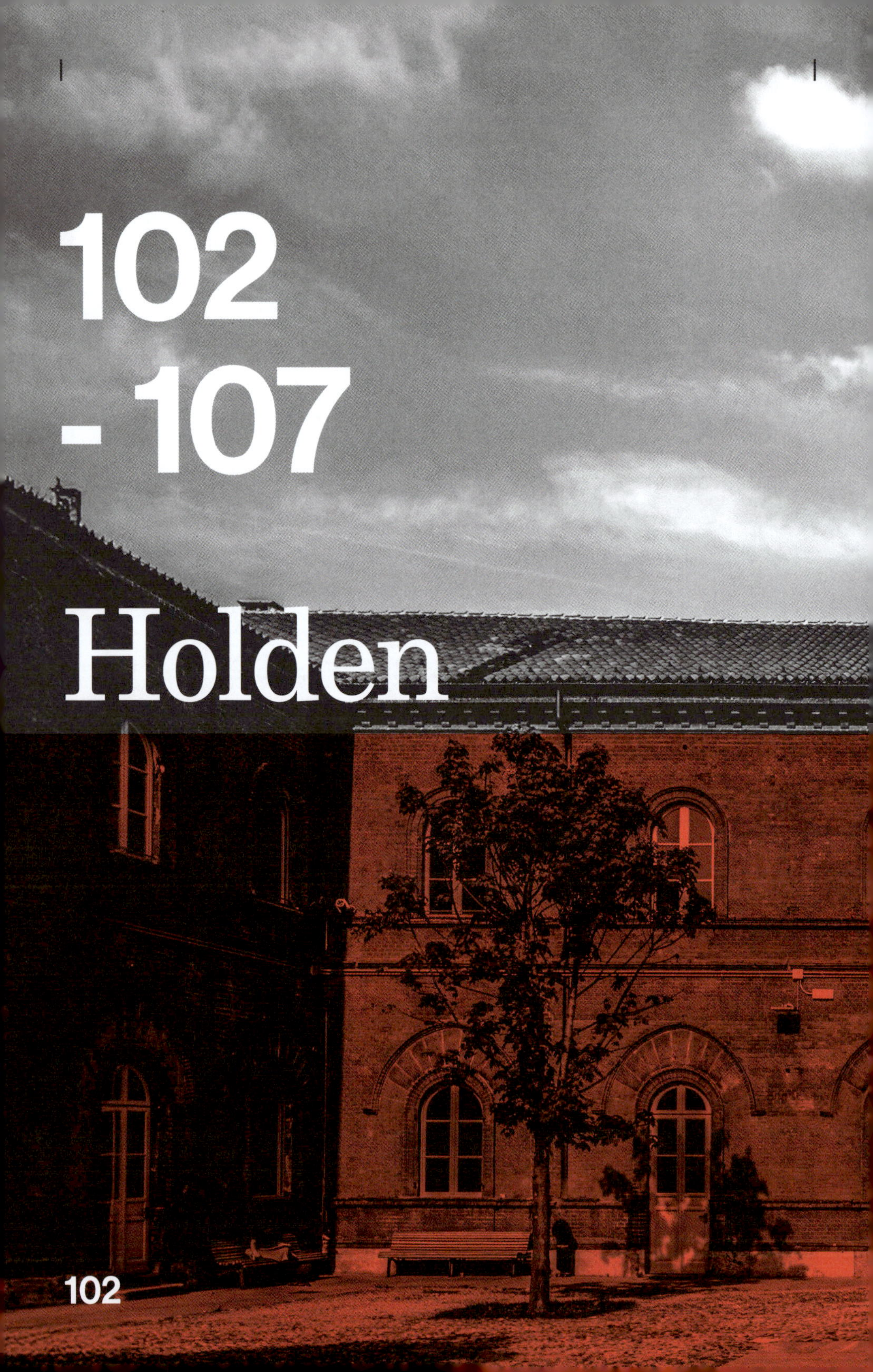

102 - 107

Holden

La Scuola Holden è stata fondata nel 1994: l'idea era quella di fare una scuola per narratori. Ai tempi il termine narrazione era decisamente fuori moda e in Italia, come in genere nella vecchia Europa, si era propensi a credere che corsi di scrittura e insegnamenti di quel genere fossero inutili, forse nocivi, comunque seccanti.

I cinque amici trentenni che hanno fondato la Scuola la pensavano diversamente. La Scuola si chiama Holden perché il sogno era di fare una scuola da cui Holden Caulfield non sarebbe mai stato espulso – un posto per gente non normalissima, ecco. In un certo senso, scegliere quel nome rappresentava un impegno e ancora oggi, in effetti, la Scuola ha un modo molto singolare di far crescere gli studenti. Si insegna con metodi, principi e regole che sarebbe difficile trovare altrove.

Per vent'anni la Holden è stata una Scuola piuttosto piccola – tipo un campo da tennis e mezzo, dentro una palazzina liberty vicino al Po. Dal 2013, grazie al supporto del Gruppo Feltrinelli, è diventata molto più grande: si è spostata nel vecchio e bellissimo Regio Arsenale che giaceva abbandonato e che la Città di Torino

ha dato in concessione. In meno di un anno si è trasformato in un posto in cui, invece che bombe, si costruiscono narratori e si allenano – scrivendo e studiando Discipline che si trovano solo qui – le abilità mentali che servono ad abitare il mondo di oggi e, volendo, a cambiarlo. Ci è voluto il lavoro di molti, una discreta vocazione all'ottimismo e la necessaria dose di fortuna.

Alessandro Baricco

Carlo Feltrinelli
e Alessandro Baricco
alla festa annuale della Holden
per il Salone del Libro di Torino.
(Foto di Angela Aricò)

GENERAL STOR

108 -123

Inge

Più che un editore Inge era un'atmosfera. Trascorrere cinque minuti con lei significava salire su una giostra tra bookfairs sparse nel pianeta, feste tra le più esclusive dell'ultimo cinquantennio, una mondanità culturale dai tratti imprevedibili.

Simonetta Fiori

Bianco e nero A sinistra, Inge bambina con "papi" Otto; poi giovane modella; con un capo villaggio africano e mentre prova una Rolleiflex

RITRATTO DI SIGNORA

La ragazza che diventò Inge Feltrinelli

Bambina ebrea nella Germania di Hitler, fotografa accanto a Hemingway e Picasso. E poi l'amore nelle lettere con Giangiacomo Esce la biografia che racconta la sua vita prima dell'editoria

di **Simonetta Fiori**

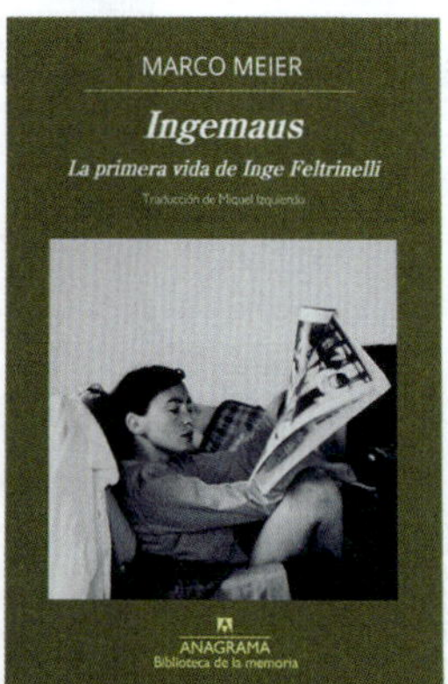

Feltrinelli Real Cinema
INGE
FILM
DI LUCA SCARZELLA
E SIMONETTA FIORI
DVD
+
LIBRO
INGE

INGE CREDEVA NELLE COSE IMPOSSIBILI. ESEMPIO: OGGI LEI E IO POSSIAMO RIFLETTERE, DIRE CHE NON CI SARÀ MAI PIÙ UN ALTRO EDITORE COME INGE, UNA SCRITTRICE-EDITRICE, FOTOGRAFA-EDITRICE, HEMINGWAY E PICASSO. INGE, SE FOSSE QUI OGGI, CI DIREBBE CHE CE NE SARÀ UN'ALTRA, DI INGE. È UNA DELLE SUE LEZIONI PIÙ IMPORTANTI.

Richard Ford

I libri
sono tutto.
I libri
sono la vita.
Inge Feltrinelli

«Non si balla

mai da soli»
Inge Feltrinelli

Al piano, la porta di ingresso era spalancata. Dall'interno della casa arrivava un brusio rassicurante, che diceva di una quantità di persone fra le quali sarebbe stato possibile confondersi. Nessuno ad accoglierti, l'ingresso era affar tuo.
Così entrai, ma prima che il grande soggiorno si aprisse al mio sguardo una stanza sulla destra attirò la mia attenzione: sbirciai all'interno, era vuota di persone ma ricca di fascino, era uno studiolo, sicuramente di Inge, nel quale a ridosso di una piccola scrivania si affollavano libri, dattiloscritti, corrispondenza, bellissime stoffe e soprattutto immagini.
Fotografie di lei con Giangiacomo, con Carlo bambino, con scrittrici e scrittori famosi. In un grande

formato verticale vidi per la prima volta quella foto che poi sarebbe diventata famosa, la giovane Inge che con Hemingway brandisce il rostro di un grosso marlin appena pescato, e mi sembrò la scena di un film.
Ma anche immagini senza di lei perché scattate da lei, e una quantità di bigliettini appesi ovunque, promemoria di impegni, didascalie sentimentali. Il tepore di quella stanza mi sequestrò per qualche minuto, poi irruppe proprio Inge con due ospiti al seguito.

"Ah, sei arrivato!
Vieni, ti faccio conoscere i miei amici!"
Veloce, scoppiettante.

Enrico Regazzoni
La casa dei libri

Inge Feltrinelli
SWF
ERRI DE LUCA

FELTRINE

Inge Feltrinelli witzig, schnell, frivol wie immer.

Fritz J. Raddatz
Tagebücher

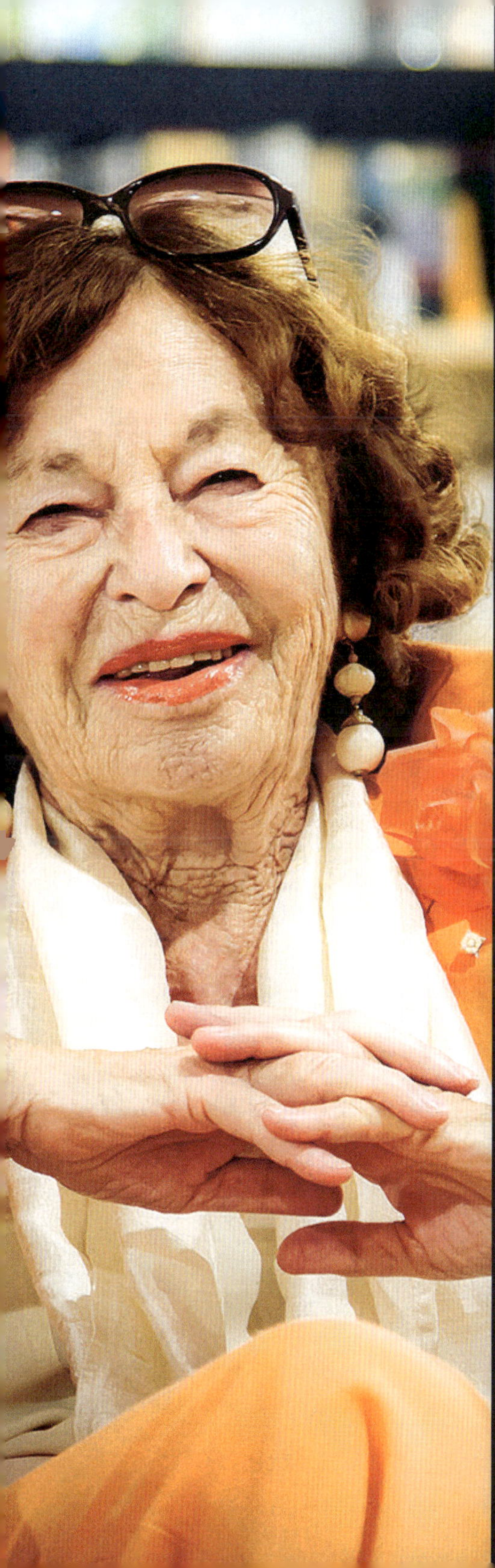
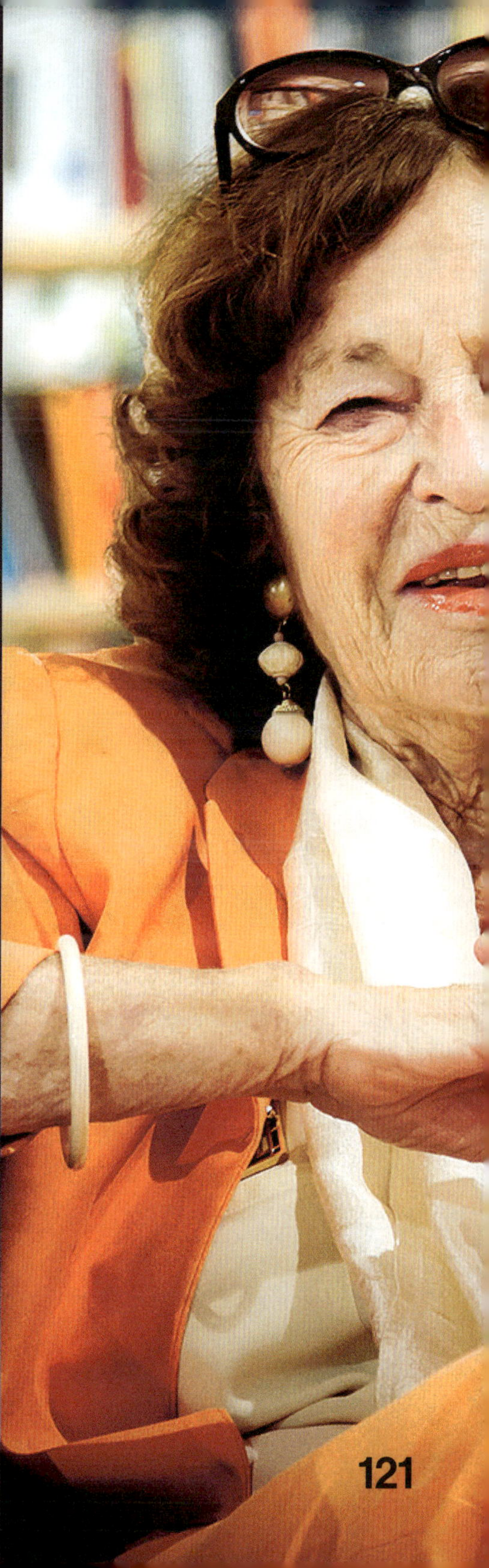

Gruppo Feltrinelli
Fondazione Giangiacomo Feltrinelli
Premio IngeFeltrinelli
3ª edizione
Raccontare il mondo, difendere i diritti
Il TUO VOTO per i diritti

Il Premio Inge Feltrinelli: raccontare il mondo, difendere i diritti, istituito in onore dell'impegno di Inge Feltrinelli per una cultura libera e senza muri, è un'iniziativa creata nel 2022 dalla Fondazione Giangiacomo Feltrinelli e dal Gruppo Feltrinelli per amplificare le testimonianze di chi fa inchiesta sui diritti oltraggiati, stare dalla parte di chi denuncia storture e soprusi, sostenere processi di emancipazione dando parola a soggetti ai margini.

Il Premio, rivolto alle voci femminili e alle nuove generazioni, si propone di premiare tre linguaggi – quello dell'inchiesta giornalistica, quello del libro (tra fiction e non fiction) e quello dei podcast – che scommettono sulla parola come veicolo di partecipazione civile.

Nel solco della sua formidabile carriera di editrice e fotoreporter, il Premio intitolato a Inge Feltrinelli – sostenuto da AIE, BookCity Milano e Scuola per Librai Umberto e Elisabetta Mauri – ci dice che la cultura deve fare la propria parte nell'agire da testimone, nello smuovere le coscienze, nell'esercitare un ruolo di contropotere.

Giovanni Feltrinelli
e Giacomo Feltrinelli
alla terza edizione
del premio.

124
-145

Librerie

nelli

Scrivere un libro è facile
occorrono soltanto
una penna, l'inchiostro e la carta
la quale con la pazienza subisce
qualunque sopruso.
Stampar libri
è già più difficile
perché spesso il genio s'esprime
con illeggibile calligrafia.
Leggere libri
è ancora più difficile
a causa della minaccia del sonno.
Ma vendere un libro
è il compito più arduo
al quale un essere umano
possa dedicarsi.

Felix Dahn, 1834-1912,
scrittore e giurista tedesco.

Le librerie Feltrinelli, segnalate nella mappa, nel 2024 hanno venduto circa 24 milioni di libri a lettrici e lettori italiani.

AULENTI, C.C. PORTELLO, VIALE SABOTINO, CORSO XXII MARZO, C.C. METROPOLI – ORIO AL SERIO C.C. ORIOCENTER – PAVIA VIA XX SETTEMBRE – RODENIGO SAIANO C.C. FRANCIACORTA VILLAGE – RONCADELLE C.C. RONDINELLE – SESTO SAN GIOVANNI C.C. SARCA – VARESE CORSO MORO – VIGEVANO PIAZZA DUCALE • **MARCHE** ANCONA CORSO GARIBALDI – MACERATA CORSO DELLA REPUBBLICA • **PIEMONTE** ALESSANDRIA VIA MIGLIARA – ARONA CORSO REPUBBLICA – BIELLA VIA ITALIA – GRUGLIASCO SHOPVILLE LE GRU – TORINO PIAZZA CASTELLO, C.C. LINGOTTO, PIAZZA CLN, STAZIONE PORTA NUOVA • **PUGLIA** ALTAMURA VIA VITTORIO VENETO – BARI VIA MELO, C.C. MONGOLFIERA – BRINDISI CORSO UMBERTO – CASAMASSIMA C.C. CASAMASSIMA – LECCE VIA TEMPLARI – TARANTO VIA DI PALMA • **SARDEGNA** AEROPORTO OLBIA – CAGLIARI VIA ROMA – QUARTUCCIU C.C. LE VELE • **SICILIA** CATANIA VIA ETNEA – MELILLI C.C. BELVEDERE – MESSINA VIA GHIBELLINA – MISTERBIANCO C.C. CENTRO SICILIA – PALERMO C.C. CONCA D'ORO, VIA CAVOUR • **TOSCANA** AREZZO VIA GARIBALDI – FIRENZE VIA DE' CERRETANI, PIAZZA DELLA REPUBBLICA, PIAZZA SANTA MARIA NOVELLA – LIVORNO VIA DI FRANCO – LUCCA VIA BECCHERIA – SESTO FIORENTINO C.C. SESTO COOP. FI – PISA CORSO ITALIA – PISTOIA VIA DEGLI ORAFI – PRATO VIA GARIBALDI – SIENA VIA BANCHI DI SOPRA • **UMBRIA** PERUGIA CORSO VANNUCCI – TERNI VIA CESARE BATTISTI • **VENETO** MARCON C.C. VALECENTER – MESTRE C.C. LE BARCHE, C.C. LE PORTE DI MESTRE – PADOVA VIA SAN FRANCESCO, C.C. GIOTTO – TORRI DI QUARTESOLO VIA POLA – TREVISO VIA CANOVA – VENEZIA SAN POLO – VERONA VIA QUATTRO SPADE

Dai chioschi ai negozi, dagli scaffali aperti ai banchi esterni davanti all'ingresso. In Feltrinelli sono sempre stati i libri a muoversi, a cambiare posizione, per andare incontro a lettrici e lettori. Le chiamavano "self-service" del libro, oggi sono semplicemente le Feltrinelli.

Sopra la storica Feltrinelli di via del Babuino, Roma, aperta nel 1964.
Qui accanto l'autorizzazione alla vendita di giornali e riviste di Giangiacomo Feltrinelli.

Il titolare è autorizzato alla vendita di giornali e riviste nel Comune di

Decisione del ... 3 ... 1966

in ~~edicola~~ / negozio esclusivo - ~~promiscuo~~

IL SEGRETARIO

La presente tessera costituisce l'unico documento valido per il ritiro delle pubblicazioni presso le Case editrici ed i loro distributori

IL PRIMO SELF-SERVICE DEL LIBRO TASCABILE

Inaugurato ieri a Firenze dall'editore Feltrinelli - Rivoluzionata la tradizionale libreria

Al posto dei commessi una allegra musichetta - Mille volumi abbandonano gli scaffali

Da stamani, primo in Italia, funziona a Firenze nella centrale via Cavour, un «Self-Service del libro tascabile». E' un reparto sperimentale, della grande libreria che l'edi-tore Feltrinelli a poluogo toscano settimana. L'esp riva da un'idea politica del libro versi aspetti, ha regola per ottene sultati.

Col criterio de ce si vendono m che in Italia: u scodellato, sigare o spazzoli nelli ha stema di bri rivol criterio di che non e nè la porta care, non dizionali s assorti che costola, in in alto in a nasconde te la tri vendita; neppure i ti da un s

Il pubblic te a tutte te di volu piatto», no ti a portat in mano, poi passa fino, com strada e p traente la chetta dif altoparlant anzi dignit

Ieri sera poteva sper che difficol vitali per l i quali an Pira, si pi

riflessa sulle mille copertine multicolori, attorno all'editore Feltrinelli che faceva gli onori di casa. A un certo punto era materialmente impossibile rigirarsi nel lucido Self-

Così Feltrinelli ha cominciato la sua rivoluzione che è tale sul piano tecnico e su quello psicologico. Perfino il libraio, considerato guida tra-dizionale indispensabile per

che il progresso ha ormai dato la mano alla cultura. Senza correre questi rischi, se ne conclude che per quanto il libro economico serve e ha un suo posto nel mercato in dilatazione, di tanto esso ha trovato, nel primo Self-Service italiano il suo migliore alleato.

PIER FRANCESCO LISTRI

Semplicità

Si tratta di una interessante «novità» nel settore del commercio librario. Gli italiani sono sensibili alle cose nuove e vorranno «toccare con mano» se veramente nella nuova libreria potranno entrare in piena libertà, senza essere sollecitati ad acquistare. Nel negozio ci sono, naturalmente, il direttore e diversi commessi, ma nessuno di loro interverrà se non su precisa richiesta del cliente, anche se questi vorrà avere una semplice informazione. L'acquirente, passando dalla cassa prima di uscire, salderà il conto per quanto avrà eventualmente prelevato dagli scaffali.

Com'è una libreria self-service? Semplice com... l'uovo di Colombo. La nuova tecnica di esposizione è la «sola» che consenta al ... la immediata valu-

DA IERI IN VIA MANZONI

Chi entra in libreria si cerca da sè il volume che preferisce

I libri vanno venduti come i detersivi

PILE di libri in terra, negli angoli. Cesti di libri sulle porte. Scaffali rigonfi e colorati come scansie di una drogheria: la librer cambia tattica « Qui deve divent mercato della c nuovo slogan. Le traeconomiche s d'onore e vanno scatolette. Anche zione delle manif laterali della libr sconvolta. Fino a ni fa, nelle sale d buino c'era Topaz allestiva mostre op-art e perfino Le esperienze, l vanguardie più avevano risonan qualificato. « Ad al posto mio t ke-box », dice T

Nel grande loc gozio, dove s sentate al p che camminano, cuscini facca-ti intitolati « Muro del sono », concerti di musica elettronica, dove sono stati raccolti 3 milioni e mezzo all'asta dei quadri per i giovani attori senza casa del « Leaving Theatre » e dove fu tenuta la semiclandestina lettura del « Vicario », i frequentatori possono ascoltare dischi dei Beatles, canzoni popolari italiane, canti anarchici musiche vietnamite diffu-

a del Self-ltrinelli è te convin-ativa avrà isponde a ostro mer-le collane no per gli grossi af-ema e le tribuzione ispondono questi li-lo sbocco ercato che si fa sen-non han-per i li-ttori che per chie-di Shake-ire o un ia a due-

Ayer, trattato di positivismo logico che ha esaurito la prima edizione in pochi giorni.

« Utilità verticale e utilità orizzontale » conclude Feltrinelli, per dire che il libro tascabile ha trovato modo di aumentare il pubblico, piuttosto scarso, dei lettori e, d'altro lato, ha permesso a chi già aveva questa buona abitudine, di comprarsi le opere che desidera.

Questi mille libri disposti su scaffali di rivoluzionaria concezione, creati dal più moderno studio architettonico di Francoforte, questi G e Fischer disposti ne rini di metallo che f ospitavano soltanto grissini o saponette Molière e Tolstoi a lire, quei gialli classic

self-service del libro tascabile

via Cavour 12 Firenze tel. 292196

- Entrata libera
- Self-service: servitevi da soli
- Edizioni tascabili italiane inglesi americane tedesche francesi
- Romanzi Divulgazione scientifica ... saggi

una nuova ...rinelli

Libreria self-service

Si è inaugurata l'altro giorno, con grande concorso di intellettuali e di pubblico, la nuova Libreria Feltrinelli di via Manzoni 12. Non si tratta di una libreria comune, ma di una vera e propria «esposizione permanente del libro». Essa è realizzata infatti con criteri nuovi, che permettono di vedere i libri direttamente dalla parte della copertina, anzichè della costola, e di accedere ad essi con molta comodità: la libreria è infatti organizzata a self-service. Priva di vetrine sulla strada, la nuova libreria è costituita da 160 metri quadrati di esposizione.

Scaffali «a lisca di pesce» per poter vedere subito la copertina dei libri

A sinistra, due lettori e i nuovi espositori, anni sessanta.
In basso, banco esterno della Feltrinelli di Bologna Ravegnana e il progetto
dei chioschi per la vendita di libri a Milano, 1960.

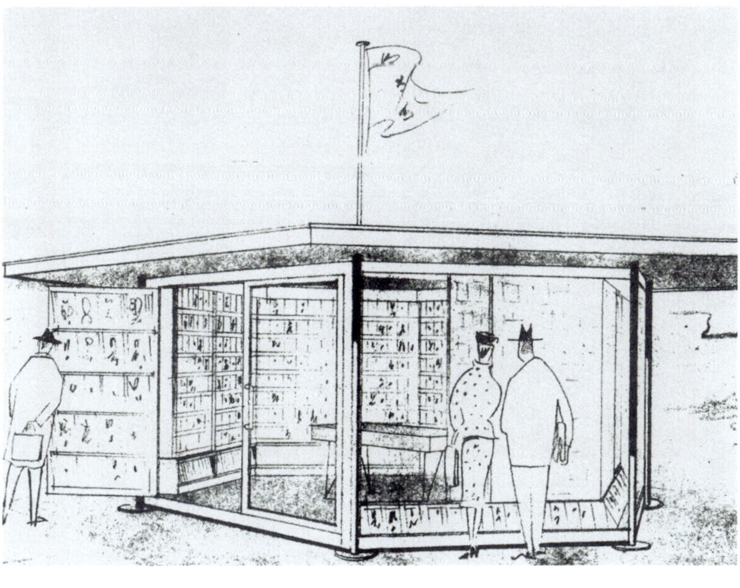

MARATONA DI TEATRO BEAT

E' quella avvenuta alla libreria Feltrinelli di Roma, dove ininterrottamente per dodici ore sono stati presentati sperimentalismi teatrali e sketch d'avanguardia di Arbasino, Novelli, Perilli e altri. All'originale esibizione, intitolata « Grammatica No Stop Teatro 12 ore », ha presenziato un pubblico eterogeneo in cui abbondavano capelloni e beatnik.

I « mimo-autori » - *Durante il concerto di musica elettronica le figure dei due autori chiusi dentro un gabbione a forma di parallelepipedo, hanno mimato alcuni pezzi teatrali mentre bizzarri giochi di luci illuminavano le pareti di tela bianca.*

Un « gong » singolare - *Luigi Mezzanotte, un giovane attore impegnato, segna il gong tra uno spettacolo e l'altro. Tra il pubblico sono stati notati Carlo Levi, Paola Pitagora, Patty Pravo, Letizia Paolozzi, Alberto Moravia e innumerevoli altri critici italiani e stranieri.*

L'arte « mangiata » - *L'artista Pier Capponi ha cucinato durante una rappresentazione un « passapied » dolceamaro di vitella. Nello spettacolo della « eat art » l'americana Lorry ha presentato i suoi enormi panini e i suoi pesci di zucchero e pasta, mangiati poi dagli spettatori.*

L'uomo-strumento - *L'americano Federico Rzewski esegue il suo « concerto ». Con un filo vicino alla gola e l'uso di due magnetofoni, Rzewski ha sbalordito il pubblico grazie a stranissimi suoni « musico-fisiologici », molto suggestivi.*

Le « poltrone » - *Alle 22 il pubblico ha sfollato alzandosi dai copertoni adibiti a « poltrone ». Terminati gli happening, le musiche, i film, le poesie e i nastri elettronici, alcuni beatnik avrebbero voluto addirittura pernottare nella libreria.*

Foto Vitale-Dabbrescia

LO SCRITTORE AMERICANO A FIRENZE

Incontro con Baldwin l'apostolo dei negri

Ha parlato commosso dei problemi della sua gente - Un grande oratore - La crisi del romanzo - La Pira, ricoverato in clinica, ha chiesto con insistenza di vederlo

Roca, raffreddata e anche molto concitata, la voce al l'altro capo del filo diceva: «Ma signorina, capisce, io devo assolutamente vedere Baldwin. E' cosa della massima importanza. Sarei venuto io, si figuri, ma sono qui in clinica dalle suore con un attacco di angina. Gli dica che venga, che venga subito a trovarmi: è una delle figure più importanti per la pace ...

civili, è molto bella e nobile. Il guaio, il vero guaio è che ci vorrà troppo tempo prima che significhi qualcosa, prima che l'ultimo sceriffo dell'Alabama sia morto. Io sono americano da trecentocinquanta anni. E tanti altri come me lo sono. Noi non possiamo dissociare la nostra esperienza, i nostri destini da quelli della nazione che ci capita. Ma perchè quella legge sui diritti civili abbia un senso ...

sua discussa commedia *Blues per l'uomo bianco*.

Una ragazza americana in pantaloni e stivali da sceriffo, capelli lunghi fino alla vita e soavi occhi azzurri che contraddicono le unghie laccate, gli chiede cosa ne pensa della crisi del romanzo. E Baldwin, che a Roma è stato ospite tra gli altri di Moravia e dunque conosce bene la questione, risponde: «Il problema delle strutture letterarie se...

ste l'interlocutore — fanno propaganda in Africa... «E chi è che non la fa?», risponde Baldwin seccato.

L'Europa

Dopo l'assalto per la firma dei libri, ho parlato con Baldwin da solo. Gli ho chiesto che cosa significassero per lui queste visite in Europa, che cosa avesse significato a suo tempo il soggiorno di no...

città esemplare, si avverte l'umiliazione della razza me... che in qualunque altro luo... al mondo. In fondo credo c... anche gli americani bianc... si liberino da molti comple... quando vengono in Europa...

Un'ultima domanda. «Qu... le pensa che sia il ruolo s... tuale della setta dei musu... mani neri?». «L'uccisione ... Malcolm X è stato un gra... colpo per loro. Io lo conosc... vo, eravamo amici anche ...

Attentato fascista alla Feltrinelli di Torino

Hanno lasciato volantini con la scritta «Squadrismo fascista»

Sfasciata la libreria Feltrinelli in tafferugli di missini a Milano

Disordini in piazza S. Babila in una manifestazione non autorizzata dalla P.S.

... drismo fascista; governo - capitalismo». Nel frattempo polizia e carabinieri controllavano la situazione nei vari punti attorno a piazza san Babila e alle strade vicine. Sono state fermate una decina di persone.

Dopo le 13.30, i manifestanti si sono raccolti davanti alla sede della «Giovane Italia», in corso Monforte, dove vi è stato qualche battibecco e qualche scontro con elementi filo-cinesi. La polizia è intervenuta disperdendo tutti. Buona parte degli aderenti alla «Giovane Italia» si è ritirata all'interno della sede, ripetendo le grida già lanciate all'uscita dal cinema e cantando «Giovinezza». Dal balcone della sede sono stati esposti la bandiera tricolore e un gagliardetto nero col teschio e sono stati lanciati sassi, bastoni e qualche vaso di fiori contro agenti e carabinieri. Un vaso ha colpito uno degli appartenenti allo stesso movimento di estrema destra, producendogli contusioni.

«DIPINGI DI GIALLO IL TUO POLIZIOTTO»

Bomboletta-spray scherzo: denunciato chi la vendeva

Il direttore della libreria Feltrinelli incriminato per «istigazione a delinquere»

«Dipingi di giallo il tuo poliziotto»: la frase denota chiaramente, ci sembra, un tono scherzoso, quasi canzonatorio se si vuole. Si può leggerlo sulla fascetta pubblicitaria di certe bombolette che a Roma sono state in vendita presso la libreria Feltrinelli, e questa circostanza del «libero commercio» è sufficiente a dimostrare che il prodotto contenuto nelle bombolette è assolutamente innocuo e può servire all'occorrenza tutt'al più a spruzzare di giallo un celerino troppo aggressivo.

La bomboletta in questione però deve essere apparsa lo strumento di chissà quale infernale ordigno agli occhi di uno zelante commissario di PS che ha presentato una denuncia contro il direttore della libreria Feltrinelli, Carlo Conticelli, accusandolo nientemeno che di istigazione a delinquere.

Il fatto più sconcertante della cosa è rappresentato però dalla decisione della magistratura di dare corso alla denuncia. Il sostituto procuratore della repubblica dottor Callovini, infatti, a conclusione di una istruttoria condotta col rito sommario, ha ritenuto il Conticelli responsabile del reato di istigazione a delinquere previsto dall'art. 414 del Codice Penale (che commina pene da due a cinque anni!) e ne ha chiesto la citazione a giudizio ...

Culla

La casa del sig. Mario Proietti è stata allietata dalla nascita di una bellissima bimba cui verrà imposto il nome Mara. Al signor Mario alla sua gentile signora Caterina Cacioni ...

INAUGURATA IN VIA DEL BABUINO LA NUOVA LIBRERIA FELTRINELLI

Il primo libro l'ha venduto l'editore in persona

All'inaugurazione della nuova libreria, da sinistra: Mario De Micheli, Rossana Schiaffino ed Alberto Arbasino

ESTREMISTI DEL ... NOTIZIE LE NOTI...

Al grido di "all'armi siam fascisti" devastano la libreria "Feltrinelli"

Violenti scontri con gli agenti della polizia

Potente bomba trovata in una libreria Feltrinelli

Salite a 4 le vittime dello scopp...

Roma, 23 novem. (Ansa)

Un ordigno ad alto potenziale è stato trovato stamani nella libreria Feltrinelli in via del Babuino. Se l'ordigno, costituito da circa 700 grammi di esplosivo al plastico, fosse esploso avrebbe causato certamente una strage: in quel momento infatti si trovavano nella libreria una sessantina di persone tra clienti e personale.

Poco dopo le 11.30 nella sede della «Feltrinelli Editori» in via del Babuino 40, è giunta una telefonata anonima. La sede di via del Babuino comprende oltre alla libreria anche la redazione della società editrice. In quel momento, nei locali redazionali c'erano la signora Inge Feltrinelli, vedova dell'editore morto sotto il traliccio di Segrate, ed il redattore Cesare Milanese. E' stato quest'ultimo a sollevare il ricevitore ...

... telefonata anonima ha fatto perdere tempo prezioso prima che l'ordigno fosse ritrovato. La bomba, infatti, è stata trovata dai carabinieri nei pressi della cassa, dalla parte opposta a quella indicata nella telefonata. E' stato fatto intervenire il maresciallo Giovacchini della direzione generale d'artiglieria che ha disinnescato l'ordigno. Si tratta, secondo quanto si è appreso, di un ordigno rudimentale costituito da 700 grammi di esplosivo plastico, di un tipo che non si produce in Italia. Era innescato con due capsule detonanti elettriche di tipo commerciale. La bomba era collegata ad un congegno ad orologeria di marca svizzera alimentato da una batteria del tipo «2 9 A». La lancetta dell'impianto ad orologeria aveva già percorso, al momento del disinnesco, un quarto del tempo fissato per l'esplosione.

Il «plastico» era contenuto in un involucro di cellophane che recava questa dicitura «Bofors Plastic Explosive C A 2.3 LBS FT». Il pacco era avvolto in un foglio del quotidiano «Paese Sera», a sua volta contenuto in un sacco di materia plastica deposto in una scatola di cartone. Quest'ultima a sua volta era stata messa in una borsa a sacco di cellophane con l'etichetta di un negozio romano. I tecnici della direzione d'artiglieria, che hanno prelevato l'ordigno, dovranno ora accertare se il congegno di accensione a tempo s'è rivelato con un meccanismo o con un artificio termico.

Dopo i violenti incidenti di Milano

L'assalto alla "Feltrinelli" ripropone la violenza fascista

Tra i diciassette appartenenti alla "Giovane Italia" fermati dalla polizia, due erano in possesso di armi bianche e da fuoco — Convenuti da tutta Italia i fascisti che hanno partecipato all'assalto

MILANO, 17. — Polizia e carabinieri sono intervenuti poco dopo mezzogiorno, ...

la Feltrinelli | Caserta
Casse

la Feltrinel
Alessandria
Casse

la Feltrinelli
Lecce

la Feltrinelli
Libri e Musica

Non vorrete più partire.
A Milano Centrale arriva
la Feltrinelli più grande d'Italia.

la Feltrinelli

Libri Books
Cinema
Cartoleria Stationery
Musica Music
kidz

la Feltrinelli
Milano Centrale

VENERDI 16 MAGGIO DALLE ORE 10 SI APRE AL CENTRO DI PADOVA
LA NUOVA LIBRERIA FELTRINELLI AL BO' VIA SAN FRANCESCO 14
SIAMO LIETI DI INVITARLA

la Feltrinelli
I libri sono tutto. I libri sono la vita.
Seguiremo il suo esempio. È una promessa!
Feltrinelli | Bergamo
Sostituzione
la Feltrinelli Libri e Musica
la Feltrinelli
Libri e Musica
Porta Nuova
in partenza
a 100ª Feltrinelli.
auguriamo a Torino il nostro 100° negozio.
la Feltrinelli
Napoli Capodichino
la Feltrinelli | Ravenna
2 LIBRI 9,90€

Festa per i dieci anni della Feltrinelli di via Ceccardi a Genova, aperta nel 2009.

Info

Dal 1999
20 anni
a misura Duomo.

laFeltrinelli

DAVID
BOWIE

Feltrinelli

IMPUGNAMO UN LIBRO CATTIVO E SOSTENIAMO I NOSTRI DIRITTI
Libreria
R.S.A. FILCAMS CGIL GENOVA

Feltrinelli

Feltrinelli

La libreria Feltrinelli in piazza Piemonte a Milano,
scatti sequenziali delle fasi pre-inaugurazione.

E non solo Italia...

Una panoramica delle librerie La Central a Barcellona (foto di Silvia Poch) e Marta Ramoneda con un cliente speciale, il primo ministro spagnolo Pedro Sánchez.

Fondate a Barcellona da Antonio Ramírez e Marta Ramoneda, le librerie La Central si affermano come luoghi iconici prescelti da lettori e lettrici grazie alla qualità della loro proposta. Alla prima apertura nel 1996 in Calle Mallorca, si affianca nel 2003 la libreria nel centralissimo quartiere Raval, 1000 mq all'interno di un antico convento. La partnership con Feltrinelli dà vita nel 2012 alla libreria al Callao a Madrid e a una nuova apertura in Consell de Cent a Barcellona, nel 2025, che coincide con il definitivo passaggio di proprietà.

Ma non finisce qui!

Ecco il progetto della prima libreria Feltrinelli in America Latina: aprirà in Uruguay, a Montevideo, a due passi da Plaza de la Constitución.

146 - 167

Milano

3
fondazione giangiacomo feltrinelli

13 librerie nel territorio milanese, la storica sede della casa editrice in via Andegari, la nuova sede di via Quadrio.
Ma Feltrinelli, a Milano, è anche la Fondazione Giangiacomo Feltrinelli, nata nel 1949 in via Scarlatti 26, vicino alla Stazione Centrale, come Biblioteca Giangiacomo Feltrinelli.
Dal 1960 al 2016 ha messo radici in via Romagnosi, a due passi dalla Scala, e ora abita nel palazzo di viale Pasubio disegnato da Jacques Herzog e Pierre de Meuron.

Nella pagina precedente, gli ingressi della nuova e vecchia sede della Fondazione Giangiacomo Feltrinelli a Milano.
A destra, la sede di viale Pasubio in costruzione.
Sotto, il primo abbozzo di Jacques Herzog e Pierre de Meuron.

Ci siamo messi in moto per un progetto fuori dal tempo, da questo tempo, ma secondo noi necessario, e che deve tornare attuale. Una nuova sede iconica per una grande casa delle culture sociali, moderna e internazionale: questa è l'idea.

Carlo Feltrinelli

Milano Porta Volta – Luogo dell'utopia possibile.

MILANO

ELEMENTA
PHILOSOPHICA
de
CIVE,
Auctore
THOM. HOBBES
Malmesburiensi.
Amsterodami.
Apud Danielem Elzevirium. A. 1660.

Fig. II.

CARTE
drôlatique
D'EUROPE
pour 1870.
dressée par
HADOL
ILES BRITANNIQUES
MER DU NORD
SUÈDE
MER BALTIQUE
DANEMARK
HOLLANDE
OCEAN ATLANTIQUE
SUISSE
AUTRICHE
MER ADRIATIQUE
ITALIE
ESPAGNE
PORTUGAL
CORSE
SARDAIGNE

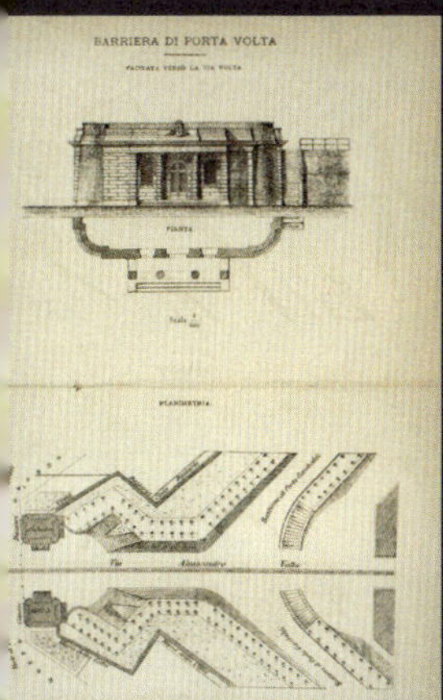

Immagini
del patrimonio
e della sede
di via Romagnosi.
Nella pagina
di sinistra,
in particolare,
l'inaugurazione
ufficiale del 25 marzo
1961 e la riunione
della Commissione
internazionale
per la Storia dei
movimenti sociali
all'Unesco,
5 novembre 1956,
con Giangiacomo
Feltrinelli
e il direttore
Giuseppe Del Bo.

Qui accanto, la visita
del Presidente
della Repubblica
Sandro Pertini
con Leo Valiani
e Giuliano Procacci
(7 dicembre 1981),
la visita di
Michail Gorbacëv
(15 novembre 1996)
e la visita
del Presidente
della Repubblica
Giorgio Napolitano
(7 dicembre 2007).

Nel cuore pulsante di Milano, dal 2016 la Fondazione Giangiacomo Feltrinelli ha una nuova casa in viale Pasubio, che non è solo un archivio di memoria e ricerca, ma un crocevia di idee, un laboratorio di confronto, uno spazio di cittadinanza attiva.

Qui, la storia incontra il presente e si fa strumento per immaginare il futuro. La missione della Fondazione è quella di trasformare la conservazione e la ricerca in leve di cambiamento, contribuendo al dibattito sulle grandi trasformazioni del nostro tempo. Economisti, accademici, policy maker e attivisti trovano nella Fondazione un luogo dove le loro voci possono intrecciarsi, generando nuove prospettive e proposte concrete per affrontare le sfide della società contemporanea.

È una piazza del pensiero critico, dove discutere temi cruciali come le transizioni economiche, tecnologiche ed ecologiche, e i relativi impatti sulla società. In un'epoca di accelerazioni brucianti la Fondazione vuole rafforzare una cittadinanza consapevole, capace di riconoscere il valore della storia come fonte di orientamento nel presente.

Con oltre 200 eventi all'anno, tra workshop, festival, incontri e pubblicazioni, la Fondazione opera come ponte tra la società civile, il mondo della ricerca e le istituzioni: è quel "luogo dell'Utopia possibile" che Salvatore Veca aveva immaginato. E la speranza è che Milano, con il suo carattere multiculturale e la sua energia trasformativa, sia protagonista di una nuova visione.

Massimiliano Tarantino
Direttore Fondazione Giangiacomo Feltrinelli

Sotto, la vetrina della Feltrinelli di viale Pasubio.
Accanto, i programmi delle quattro stagioni della Fondazione Giangiacomo Feltrinelli.

Fondazione Giangiacomo Feltrinelli
Ricerca
Mostre
Musica
Incontri
Cinema
Dibattiti
Teatro
Rassegne
STAGIONE
2017/2018
RIBELLE
fondazionefeltrinelli.it

Fondazione Giangiacomo Feltrinelli
2018
2019
STAGIONE
CAPITALE
Ricerca
Mostre
Musica
Incontri
Cinema
Dibattiti
Teatro
Rassegne

Fondazione Giangiacomo Feltrinelli
DEMOCRAZIA
ECONOMIA
AMBIENTE
INFORMAZIONE
IMMAGINARI
LA STAGIONE
CRITICA 2024
WAKE UP!

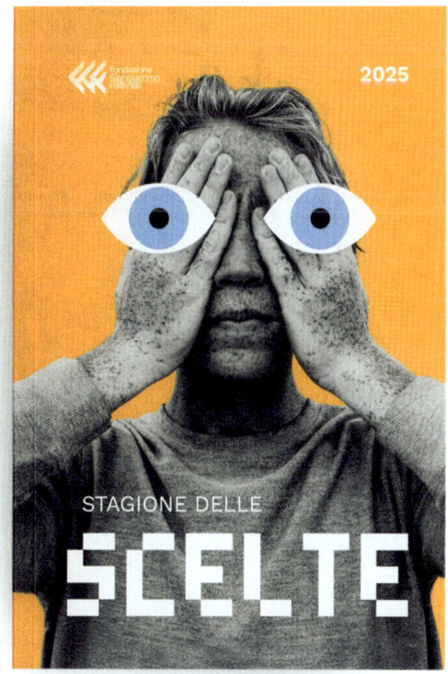
Fondazione Giangiacomo Feltrinelli
2025
STAGIONE DELLE
SCELTE

Vita di Fondazione, luglio 2025.
Virgilio Sieni e i cittadini di Milano durante la produzione originale
"Cammino popolare", maggio 2017.

La Sala di Lettura della Fondazione, durante un seminario.

Pubblico ed eventi negli spazi esterni di viale Pasubio.
Il progetto della Fondazione ha portato anche a due nuove intitolazioni significative.

Fondazione
Giangiacomo
Feltrinelli
HAND
HAND

L'inaugurazione della Fondazione Giangiacomo Feltrinelli in viale Pasubio, il 13 dicembre 2016.
(Foto di Filippo Romano)

Fondazione Giangiacomo Feltrinelli
'900, la Stagione dei Diritti Quando la piazza faceva la storia
ESPOSIZIONE
DAGLI ARCHIVI DI FONDAZIONE GIANGIACOMO FELTRINELLI
24 OTTOBRE 2018
24 MAGGIO 2019
PACE
PIACE
Viale Pasubio 5, Milano
Ingresso libero
Da lunedì a sabato 10 - 21
Per giorni e orari di apertura consulta fondazionefeltrinelli.it
Grazie alla collaborazione di
Comune di Milano
Fondazione CARIPLO
Fondazione Giangiacomo Feltrinelli
CHE
STO
Percorsi, ritratti, scoper
12-14 m
FONDAZIONE GIANGIACOMO
VIALE PASUBIO 5, MILANO
A CURA DI
Laura Silvia Battaglia
CON I RITRATTI DI
Eugenio Scalfari / Camilla Cederna / Daphne Caruana Galizia
TRA GLI OSPITI
Lorenzo Bagnoli / Giorgio Bozzo / Francesc
Chiodelli / Enrico Deaglio / Christian Elia /
Guidali / Daniela Hamaui / Ezio Mauro / An
Miotto / Federico Oliveri / Jacopo Perazzol
/ Luca Rinaldi / Giulio Rubino / Ece Temelk
IN COLLABORAZIONE CON
pen
RPI MEDIA
Q CODE
Comune di Milano
Milano
Per partecipare in presenza, consigliata la prenotazione su DICE.fm
fondazionefeltrinelli.it

23
Storia
SCOMPOSTA
PERIENZA
TIVAL
IA!
na storia tutta da vivere
gio 2023
ELLI
INGRESSO GRATUI-TO

Fondazione Giangiacomo Feltrinelli
SATIRA, CHE PECCATO!
Festival di stand-up comedy e di satira
A cura di Beppe Cottafavi
DAVIDE CALGARO
MARTINA CATUZZI
FILIPPO CECCARELLI
CHARLIE HEBDO
DANIELE FABBRI
FRANCESCO FANUCCHI
MONIR GHASSEM
CHIARA GALEAZZI
LORENZO LUPORINI
SABRINA PISU
COCHI PONZONI
SAVERIO RAIMONDO
STEFANO RAPONE
MARCO P. VALLI
LUCA SANTESE [CESURA]
GUIDO VITIELLO
13→15 GIUGNO 2025
Fondazione G. Feltrinelli
viale Pasubio 5
Milano
fondazionefeltrinelli.it
Comune di Milano
Fondazione CARIPLO
INCONTRI GRATUITI
Prenotazione su DICE.fm
SPETTACOLI
Biglietti su Ticket.it

Annali, Scenari, e-Pub e newsletter:
le pubblicazioni tratte dalle attività
degli Osservatori di ricerca della Fondazione.

168 - 175

Nobel

BOB
DYLAN
The
NOBEL
LECTURE
Feltrinelli

1950

Letteratura

BERTRAND RUSSELL

"In riconoscimento ai suoi vari e significativi scritti nei quali egli si erge a campione degli ideali umanitari e della libertà di pensiero"

BORIS PASTERNAK

1958

Letteratura

"Per i suoi importanti risultati sia nel campo della poesia contemporanea che in quello della grande tradizione epica russa"

1967

Letteratura

MIGUEL ÁNGEL ASTURIAS

"Per il suo vivido contributo letterario, profondamente radicato nei tratti nazionali e nelle tradizioni dei popoli indiani dell'America Latina"

SAUL BELLOW

1976

Letteratura

"Per la sensibilità umana e la sottile analisi della cultura contemporanea che si trovano combinati nella sua opera"

1977

Economia

JAMES EDWARD MEADE con Milton Friedman

"Per il loro contributo innovativo alla teoria del commercio internazionale e dei movimenti internazionali dei capitali"

Nadine Gordimer tra Jonathan Coe e Inge Feltrinelli.

Nelson Mandela e Carlo Feltrinelli.

Günter Grass e Inge Feltrinelli (foto di Maria Mulas).

GABRIEL GARCÍA MÁRQUEZ

1982

"Per i suoi romanzi e racconti, nei quali il fantastico e il realistico sono combinati in un mondo riccamente composto che riflette la vita e i conflitti di un continente"

Letteratura

1988

NAGIB MAHFUZ

Letteratura

"Attraverso gli impianti ricchi di sfumatura – ora con limpide vedute realistiche, ora evocativamente ambiguo – ha formato un'arte narrativa araba che si applica a tutta l'umanità"

NADINE GORDIMER

1991

"Con la sua scrittura epica magnifica – nelle parole di Alfred Nobel – è stata di notevole beneficio all'umanità"

Letteratura

1993

NELSON MANDELA con Frederik Willem de Klerk

Pace

"Per il loro lavoro per la risoluzione pacifica del regime di apartheid, e per aver gettato le basi per un nuovo Sudafrica democratico"

DARIO FO

1997

"Seguendo la tradizione dei giullari medioevali, dileggia il potere restituendo la dignità agli oppressi"

Letteratura

1998

Letteratura

JOSÉ SARAMAGO

"Con parabole sostenute da immaginazione, compassione e ironia ci permette ancora una volta di afferrare una realtà elusiva"

Economia

AMARTYA SEN

"Per il suo contributo all'economia del benessere"

1999

Letteratura

GÜNTER GRASS

"Le cui giocose fiabe ritraggono la faccia dimenticata della storia"

Pace

RONY BRAUMAN per Medici Senza Frontiere

"In riconoscimento del lavoro umanitario pionieristico dell'organizzazione in diversi continenti"

2002

Letteratura

IMRE KERTÉSZ

"Per una scrittura che sostiene l'esperienza fragile dell'individuo contro l'arbitrarietà barbarica della storia"

2006

Pace

MUHAMMAD YUNUS per Grameen Bank

"Per i loro sforzi per creare lo sviluppo economico e sociale dal basso"

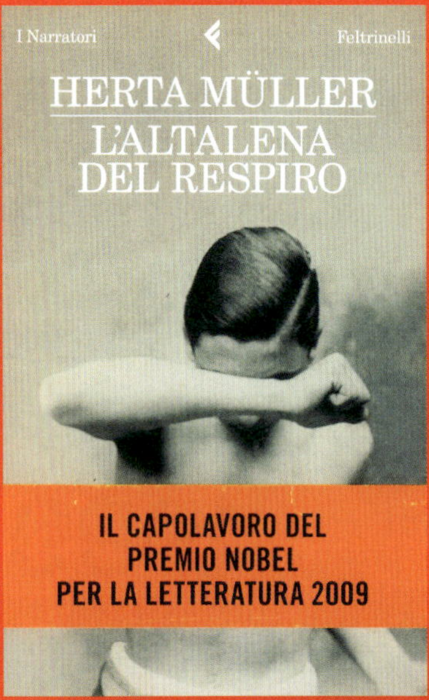

Muhammad Yunus e Inge Feltrinelli.

Amartya Sen e Carlo Feltrinelli.

2007

Letteratura

DORIS LESSING

"Cantrice dell'esperienza femminile, che con scetticismo, fuoco e potere visionario ha messo sotto esame una civiltà divisa"

Pace

AL GORE con l'IPCC

"Per i loro sforzi per costruire e diffondere una maggiore conoscenza sui cambiamenti climatici causati dall'uomo, e per aver gettato le basi per le misure necessarie per contrastare tali cambiamenti"

2009

Letteratura

HERTA MÜLLER

"Con la concentrazione della poesia e la franchezza della prosa ha rappresentato il mondo dei diseredati"

2016

Letteratura

BOB DYLAN

"Per aver creato nuove espressioni poetiche all'interno della grande tradizione della canzone americana"

2017

Economia

RICHARD THALER

"Per il suo contributo all'economia comportamentale"

176
- 181

OGNI

PAROLA

CONTA

182 - 195

Pubblicità e Propaganda

propaganda libro
feltrinelli
parenti
laterza
ALBA
NEHRU
Thomas Mann
LA SPADA
I KIKUYU
Mau Mau
Antologia del grande attore
LA CONQUISTA DELL'EVEREST
Bel-Ami
Anonima assassini
UPTON SINCLAIR
LA GIUNGLA
Falsa testimone
JACK LONDON
IL TALLONE DI FERRO
FOSCO MARAINI
SEGRETO TIBET
PREMIO VIAREGGIO 1952

I libri, e tutto quel che un editore fa, dev'essere *detto*.

La sfida è arrivare alle persone, sforzarsi di avvicinarle, di tenere sempre vivo il contatto. E bisogna ammetterlo: qualche volta *dire* i libri e quel che un editore fa è energia pura.

Campagna pubblicitaria delle Librerie Feltrinelli, 1988.

Feltrinelli
giugno 1975

AL VERTICE

Fanfani di **Giorgio Galli** / **Andreotti** di **Ruggero Orfei.** I primi due volumi di una nuova collana che affida ai giornalisti italiani più qualificati una ricostruzione meditata e completa della personalità dei nostri maggiori uomini politici colti nell'esercizio reale del loro potere.
Al Vertice pagg. 200 lire 2.500
Prossimamente: **Berlinguer** di **Vittorio Gorresio** / **Gava** di **Massimo Caprara** / **Mancini** di **Orazio Barrese** / **Donat Cattin** di **Diego Novelli**

STORIE DI ORDINARIA FOLLIA

di **Charles Bukowski.** Le ultime eccessive avventure (risse, sbornie, lotte per la sopravvivenza, violenze sessuali) di una Los Angeles candida e selvaggia. Gli ultimi ribollenti barlumi di umanità nella società dell'efficienza e del condizionamento perfetti.
I Narratori di Feltrinelli pagg. 250 lire 3.300

DONNA CINESE

di **Julia Kristeva.** Frutto di un viaggio in Cina da parte di una viaggiatrice eccezionale ma anche una approfondita ricerca storica sulla passata e presente situazione delle donne cinesi e una riflessione politica sui ruoli sessuali.
I Nuovi Testi pagg. 250 lire 2.500

APPRENDISTA DEL DIVANO

Lo psicanalista psicanalizzato di **Tilmann Moser.** Una «confessione» lucida e senza falsi pudori delle esperienze più salienti di una analisi di formazione durata quattro anni a cui si sottopose questo noto psicanalista tedesco.
I Nuovi Testi pagg. 210 lire 2.200

AUTUNNO-INVERNO 1985

Feltrinelli

Un nuovo "libro choc" dell'autrice de *L'amante*, il romanzo più letto dell'anno

MARGUERITE DURAS
IL DOLORE

"Una delle cose più importanti della mia vita" (Marguerite Duras).
"Pagine fra le più sconvolgenti che abbiamo letto da anni e che ci sembrano le più eccezionali della Duras" (Elena Guicciardi, *La Repubblica*).
Collana "I Narratori"

NADINE GORDIMER
UN OSPITE D'ONORE

Sicuramente il capolavoro della scrittrice sudafricana letta in tutto il mondo e candidata al Nobel. Un romanzo di grande respiro storico-sociale, nel quale si rispecchiano i sottili e dolenti significati del dramma collettivo dei paesi di nuova indipendenza. I contrasti, le potenzialità e le impotenze, gli inganni e gli autoinganni di una realtà geografica e umana complessa e magnetica, tratteggiata con intensa partecipazione e dalla diversa angolatura psicologica e culturale del bianco e del nero.
Collana "I Narratori"

JOSÉ SARAMAGO
L'ANNO DELLA MORTE DI RICARDO REIS

Dall'inconfondibile autore di *Memoriale del convento*, una delle voci più interessanti dell'orizzonte europeo, un romanzo ambientato a Lisbona nel più cupo salazarismo che ha per protagonista un medico-poeta preso in prestito da Fernando Pessoa. "Questo libro davvero straordinario sa restituire la timida e magari apparentemente esile fiammella di resistenza alla turpitudine e alla prepotenza che brilla nell'animo umano" (Antonio Tabucchi).
Collana "I Narratori"

ISABEL ALLENDE
D'AMORE E OMBRA

Una storia d'amore all'ombra dell'orrore di una società oppressa. Il nuovo romanzo che conferma le qualità stilistiche e la grande abilità nel congegnare una trama narrativa dell'autrice latinoamericana di *La casa degli spiriti*, il clamoroso best seller che ha fatto rapidamente il giro del mondo, suscitando ovunque lo stesso entusiasmo di lettori e critici.
Collana "I Narratori"

SAM SHEPARD
MOTEL CHRONICLES

Gli intensissimi e affascinanti racconti ambientati nell'America *on the road*, a cui si è ispirato Wim Wenders per il film *Paris, Texas*, sceneggiato dallo stesso Shepard: l'attore e l'autore di canzoni ma soprattutto il maggiore commediografo statunitense vivente, oggi rappresentato in tutto il mondo, Italia compresa.
Collana "L'Avventura"

D.H. LAWRENCE
MISTER NOON

Ritrovato il manoscritto del romanzo autobiografico e intemperante che l'autore dell'*Amante di Lady Chatterley* non osò pubblicare perché "assai divertente, ma assai scandaloso". Dall'Inghilterra alla Germania all'Italia, le esperienze giovanili fino ai giorni magici dell'incontro con Frieda von Richthofen. La gioia, le tensioni, le crisi, le estasi di due esseri che tendono a oltranza l'arco della propria libertà e passione.
Collana "I Narratori"

JOÃO GUIMARÃES ROSA
BURITÌ

Dopo *Miguilim* e *Grande sertão*, un altro meraviglioso romanzo, "forse il culmine dell'autore" brasiliano.
"Una nota drammatica sigilla i destini delle due incantevoli figure femminili... La lentezza di catastrofi così struggenti, preparate con pazienza flaubertiana o maupassantiana, è l'altra faccia, diabolica, della linda e lussureggiante *vereda*. Tipica di Guimarães Rosa è questa *double face* della natura e degli eventi" (Gianfranco Contini).
Collana "Impronte"

ROSSANA ROSSANDA
GRANDE È IL DISORDINE SOTTO IL CIELO
Idee e libri degli anni settanta

Un saggio sul decennio più discusso della storia recente attraverso i libri e le correnti ideali che si sono mescolati all'esperienza sociale e politica connotandola di colori accesi. Rossanda riprende il filo di un fortunato programma radiofonico, l'approfondisce e lo dilata conservandone tuttavia il carattere di discorso diretto, vivace e polemico.
Collana "Saggi"

ERNST H. GOMBRICH
CUSTODI DELLA MEMORIA
Tributi ad interpreti della nostra tradizione culturale

Attraverso l'omaggio a undici autori che hanno custodito e arricchito un'eredità di secoli di vita spirituale, Ernst H. Gombrich tratteggia una sorta di autobiografia intellettuale, e al contempo s'impegna, controcorrente, in una sentita e meditata apologia degli studi umanistici, cuore della nostra tradizione e identità culturale.
Collana "Campi del sapere"

GEORGE D. PAINTER
MARCEL PROUST

La biografia definitiva e insuperata di Marcel Proust. Una lettura appassionante che si misura per felicità d'interpretazione e invenzione strutturale col romanzo stesso. Un contributo indispensabile alla comprensione della *Recherche* che ne svela la qualità di straordinaria autobiografia creativa.
Collana "Tempo ritrovato"

HENRY SCOTT STOKES
VITA E MORTE DI YUKIO MISHIMA

Mentre si attende l'arrivo del film "Mishima" prodotto da Francis Ford Coppola e diretto da Paul Schrader, appare finalmente in italiano il libro che ha ispirato la sceneggiatura ed è considerato la migliore biografia del celebre scrittore giapponese, una delle figure di letterato e di uomo più sofferte, sconcertanti ed emblematiche della nostra epoca.
Collana "Tempo ritrovato"

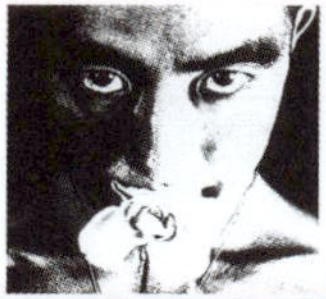

la donna e **Patologia e terapia del rapporto coniugale**, hanno scritto questo manuale per evitare alla coppia gli errori, le frustrazioni e le fobie che caratterizzano la nostra società.
Problemi di sessuologia pagg. 250 lire 4.800

LAVORARE FA MALE ALLA SALUTE

I rischi del lavoro in fabbrica di **J.M. Stellman** e **S.M. Daum.** Prefazione di **F. Carnevale** e **P. Apostoli.** Come l'ambiente e l'organizzazione del lavoro nelle fabbriche moderne possono nuocere alla salute fisica e mentale di chi lavora. Questo libro, commissionato in America dai sindacati e adattato nella traduzione alla situazione italiana, affronta e tenta di eliminare le cause di disagio e di malattia.
Medicina e potere. Collana diretta da Giulio A. Maccacaro pagg. 400 lire 5.000

STORIA DELL'INTERNAZIONALE COMUNISTA

attraverso i documenti ufficiali. Tomo terzo 1929/1943. A cura di **Jane Degras.** La più completa e meglio organizzata raccolta di documenti oggi esistenti. Un discorso critico riccamente informato.
I Fatti e le Idee. Saggi e Biografie. Biblioteca di Storia Contemporanea diretta da Massimo L. Salvadori e Nicola Tranfaglia pagg. 600 lire 6.500
Già pubblicati: **Tomo primo 1919/1922 - Tomo secondo 1923/1928**

LAVORO PRODUTTIVO E IMPRODUTTIVO

di **E. Altvater** e **F. Huisken.** Ex militante della SDS Altvater discute dal punto di vista di un'analisi di classe oggettiva il ruolo degli studenti in rapporto a quello degli operai.
Opuscoli marxisti a cura di Pier Aldo Rovatti pagg. 80 lire 800

TRATTATO DI PSICHIATRIA PER INFERMIERI

di **Paul Bernard.** Prefazione a cura del **Gruppo Collegamento Lavoratori Psichiatrici.** Il primo atteso manuale scientificamente completo e didatticamente accessibile destinato alla formazione professionale di quanti, accanto al medico, debbono prendersi cura dei malati di mente.
Biblioteca di Psichiatria e di Psicologia Clinica. Collana diretta da Gaetano Benedetti e Pier Francesco Galli. N. 1 della serie di Psichiatria pagg. 400 lire 7.000 brossura

LA MATEMATICA PER CHI DEVE INSEGNARE

di **Georges Glaeser.** Destinato alla formazione dei professori di matematica delle scuole secondarie perché prendano coscienza dei diversi aspetti della loro futura professione nello spirito della **pedagogia dinamica.**
Collana di aggiornamento e didassi pagg. 250 lire 5.000

RAYMOND CHANDLER

Blues of Bay City e altri racconti. Droga violenza corruzione a Los Angeles. Un classico dell'arte insuperata del maestro del brivido, padre del giallo moderno.
Universale Economica n. 720 pagg. 200 lire 1.200

RULLI DI TAMBURO PER RANCAS

di **Manuel Scorza.** Finalmente in edizione economica. L'epopea dei «comuneros in rivolta». Con García Márquez il protagonista dell'esplosione della narrativa latinoamericana.
Universale Economica n. 721 pagg. 240 lire 1.500

Novità

tensione lucida dell'immaginario e tutto venato di ammiccante umorismo.
Collana "I Narratori"

Un piccolo "Mille e una notte" sui fatti della vita, ambientato nelle pianure del Po

GIANNI CELATI
NARRATORI DELLE PIANURE

Uno degli scrittori più discussi e apprezzati degli anni settanta per i suoi romanzi comici e avventurosi torna alla narrativa dopo sette anni di silenzio, con l'intento dichiarato di proporre "storie semplici che diano sollievo".
Collana "I Narratori"

GIANFRANCO MANFREDI
CROMANTICA

Una *detective-story* policroma dove dati e indizi, azioni e visioni, uomini e maschere, testimoni viventi e testi d'epoca - tutti rigorosamente inventati e ciascuno col proprio registro linguistico - s'incastrano meravigliosamente gli uni negli altri, palpitando d'autentica vita romanzesca. Un *pastiche* scapigliato, libertino, divertito, che proietta dalla Storia sulle cronache d'oggi arcane presenze e profezie, e avvolge in trame imprevedibili l'iperrealismo contemporaneo.
Collana "L'Avventura"

EDOARDO SANGUINETI
SCRIBILLI

Il Sanguineti letterato e cronista di costume, recensore teatrale e osservatore dei linguaggi, ideologo sarcastico e viaggiatore curioso, moltiplicato e ricomposto nell'immediatezza della prosa capricciosa e comunicativa di un diario in pubblico, o meglio di una raccolta di variopinti epigrammi morali sul nostro tempo, che si colloca nella scia dei *Giornalini* editi da Einaudi negli anni settanta.
Collana "Saggi"

GIORGIO AGAMBEN
IDEA DELLA PROSA

Nelle forme "semplici" e oggi desuete dell'apologo, dell'aforisma, del racconto breve, della favola, dell'indovinello, un libro di "idee" che attraversa la tradizione letteraria e la poesia moderna, la società e la politica, il pensiero e la filosofia, chiamando il lettore a venire in chiaro del linguaggio e dei miraggi che esso produce, per rischiare uno sguardo nuovo sul proprio tempo e le proprie responsabilità.
Collana "Idee"

SUSAN BROWNMILLER
FEMMINILITÀ

Attraverso l'analisi degli ingredienti del fascino femminile e la messa a fuoco del paradosso della femminilità - strategia di sopravvivenza e al tempo stesso codice di sottomissione -, una riflessione sul patrimonio storico delle donne, per una sintesi nuova che concili seduttività e autoaffermazione. Della stessa autrice di *Contro la nostra volontà.*
Collana "Saggi"

MUSICA, MAESTRI!

Il direttore d'orchestra tra mito e mestiere

Conversazioni a cura di Franca Rosti
Nato da colloqui diretti e abilmente orientati con Abbado, Aprea, Bellugi, Berio, Chailly, Ceccato, Gavazzeni, Gelmetti, Giulini, Panni, Renzetti, Sinopoli, Vlad, il libro porta il lettore, da un primo approccio cortese e quasi controllato con questi illustri protagonisti della vita musicale italiana, a penetrare nei segreti della professione direttoriale e in problemi artistici e tecnici spesso ignorati o inconfessati.
Collana "Saggi"

MARY CATHERINE BATESON
CON OCCHI DI FIGLIA

Ritratto di Margaret Mead e Gregory Bateson

Con affettuosa partecipazione ma senza infingimenti, la figlia prediletta racconta il rapporto imprevedibile e curioso che dalla prima infanzia ai quarant'anni l'ha legata a una coppia di genitori fuori del comune, che hanno lasciato un'impronta sulla cultura scientifica del nostro tempo. Un libro seducente, ricco di sorprese e di scoperte.
Collana "Tempo ritrovato"

AUTORI VARI
CULTURE DEL PARTO

I contributi più significativi e originali presentati da studiosi di discipline diverse al convegno internazionale di Milano, che ha suscitato grande interesse in un ampio pubblico femminile e non. Una riflessione critica su un tema complesso, finora poco trattato dal punto di vista della madre.
Collana "Saggi"

ROBERT AXELROD
GIOCHI DI RECIPROCITÀ

In quali condizioni può emergere e svilupparsi la cooperazione fra individui? Un dilemma classico analizzato con riferimento a un'amplissima gamma di situazioni sociali in "un libro importante, che affascina e stimola" (Douglas Hofstadter, autore di *Gödel, Escher, Bach*).
Collana "Campi del sapere"

THÉODORE FLOURNOY
DALLE INDIE AL PIANETA MARTE

Il caso Hélène Smith

Raccontando i sogni sonnambolici di una giovane donna, un grande psicologo ginevrino fa rivivere per noi contemporaneamente due *feuilleton*, un viaggio di fantascienza, diversi drammi dell'identità, un *western* tra buon senso, senso e non senso. Il sorprendente "caso" romanzesco di un'indagine che ha saputo aprirsi alla scena dell'inconscio poco prima di Freud.
Collana "Saggi"

LA SFIDA DELLA COMPLESSITÀ

a cura di Gianluca Bocchi e Mauro Ceruti
Chiamati a raccolta da ogni parte del mondo, i protagonisti della "scienza nuova" del nostro tempo, da Prigogine a Hofstadter, da Gould a Morin, da Haken a Lovelock, da Von Foerster a Laszlo, da Varela ad Atlan ecc., presentano e confrontano le immagini della natura e del sapere, e gli strumenti per pensare le grandi trasformazioni in atto su scala planetaria. Un'opera di eccezionale attualità che nasce in Italia ed è destinata a diventare anche all'estero un "classico" del pensiero interdisciplinare.
Collana "Campi del sapere"

JEAN-PAUL ARON
I MODERNI

"Un libro carico di fiele, di arsenico, di veleni. La requisitoria di Aron demolisce tutto ciò che la Francia ha dato dal '45 in poi nella letteratura, nell'arte, nella filosofia, nella musica, perfino nelle mode: una cultura incapace di guardare alla vita, pronta a soffocare le cose, a ridurle in sistemi... Aron ha scritto uno dei libri più divertenti dell'anno, pieno di lampi, argento vivo che corre in ogni direzione" (Alberto Cavallari, *La Repubblica*).
Collana "Saggi"

CHRISTOPHER LASCH
L'IO MINIMO

La mentalità della sopravvivenza in un'epoca di turbamenti

Dal costume alla morale, dal pensiero alle arti, una chiave di lettura originale e illuminante del mutamento culturale che stiamo vivendo. Del discusso autore della *Cultura del narcisismo.*
Collana "Saggi"

GIORGIO CELLI
ECOLOGI E SCIMMIE DI DIO

Un libro straripante di dati e aneddoti, di riflessioni curiose e spunti brillanti attorno a diversi argomenti di ecologia, etologia, genetica, antropologia, epistemologia. Il caso più unico che raro di una divulgazione scientifica di prorompente vivacità e insolita arguzia letteraria.
Collana "I Saggi"

ACHILLE BONITO OLIVA
MINORI MANIERE

Dal Cinquecento alla Transavanguardia

Arcimboldo, Monsú Desiderio, la Secessione viennese, Klimt, Schiele, l'Espressionismo, De Chirico, Warhol, ecc. Dal critico che ha reso attuale il Manierismo e internazionale la Transavanguardia, un esempio smagliante di nomadismo culturale.
Collana "Campi del sapere"

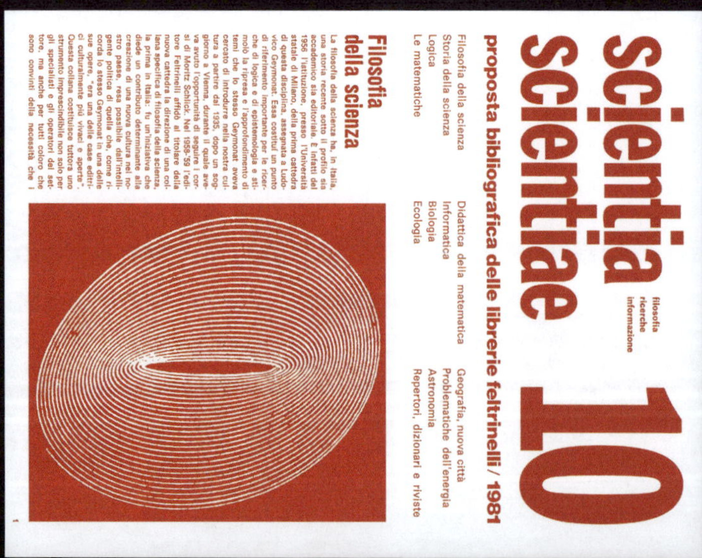

Proposte bibliografiche delle librerie Feltrinelli del 1980/1981.

Le cifre della casa editrice al 1972.

Materiali pubblicitari del 1966, 1972 e 1980.

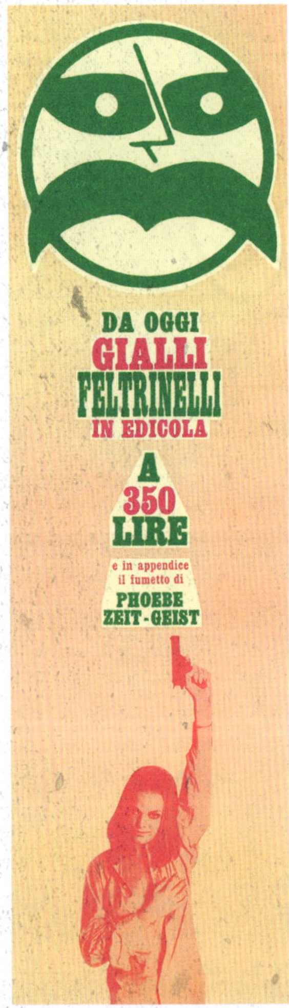

FELTRINELLI DALL'AMERICA LATINA

Un'estate da ragazzi.

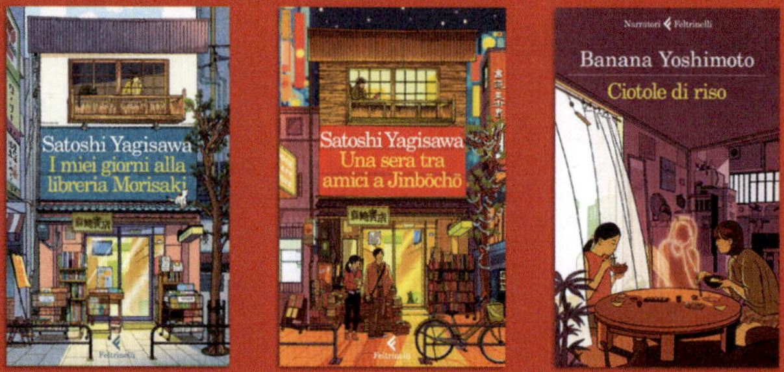

Giappone nel cuore.

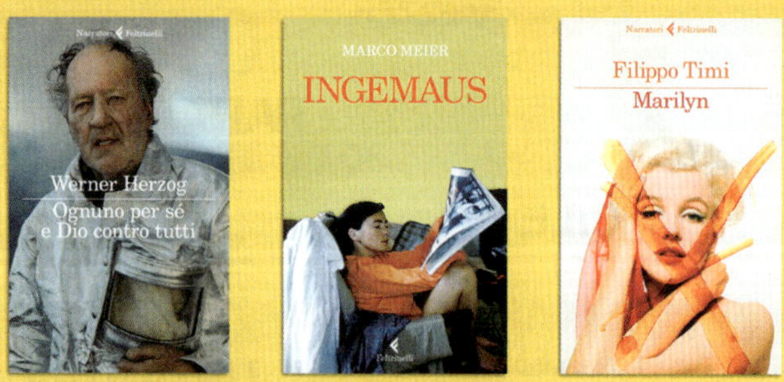

Miti

I grandi libri Feltrinelli per il tuo Natale.

in vacanza avete tempo
leggete
Kamala Markandaya
Néttare in un setaccio
romanzo, pagg. 256, L. 900
Arnold Zweig
La scure di Wandsbek
romanzo, pagg. 696, L. 2400
Carlo Porta
Poesie
U.E. n. 214, pagg. XII-184, L. 350
Eugène Delacroix
Critica d'arte
e altri scritti
U.E. n. 215, pagg. LIV-430, 24 tavole, L. 500
Giorgio Candeloro
Storia
dell'Italia moderna
v. I: Le origini del Risorgimento
pagg. 432, L. 2300
Feltrinelli Editore Milano

"Leggere insegna a leggere", la campagna di Feltrinelli che dal 2023 promuove la lettura come strumento per comprendere la realtà.

Cecità
UNIVERSALE ECONOMICA FELTRINELLI
Leggere insegna a leggere.
Feltrinelli

NO MORE DEATHS
BOOK BAGS NOT BODY BAGS
IF KIDS ARE OLD ENOUGH TO BE SHOT THEY'RE OLD ENOUGH TO HAVE AN OPINION ABOUT BEING SHOT. - TREVOR NOAH
Gli sdraiati
UNIVERSALE ECONOMICA FELTRINELLI
ARMS ARE FOR HUGGING
Leggere insegna a leggere.
Feltrinelli

196 - 205

Quadrio

Con una grande festa di quartiere, il 12 settembre 2024 Feltrinelli ha inaugurato la sua nuova casa e, per la prima volta in 70 anni, si tratta di una casa grande abbastanza per accogliere le tante anime del Gruppo, dagli editori alle librerie fino ad autrici e autori – grande abbastanza perché le persone possano stare tutte assieme.

Ed è proprio quando ci si può parlare nel quotidiano, quando diversi mestieri interagiscono, quando il pensiero dei libri *da fare* parla con il pensiero dei libri da *proporre* secondo la tradizione delle librerie Feltrinelli, che si crea valore.

La si può chiamare contaminazione virtuosa, circolarità generativa di idee, oppure la si può chiamare Via Quadrio. Un bel nome. Anche perché rievoca la vita di un uomo che ha combattuto per l'Unità d'Italia e gli ideali repubblicani, un carbonaro, mazziniano e direttore di "Pensiero e Azione": Maurizio Quadrio, che da ragazzo è stato allievo di Gian Domenico Romagnosi, altro nome che fa parte dei luoghi di Feltrinelli visto che la sede della Fondazione, per anni, è stata proprio in via Romagnosi a Milano.

Alessandra Carra
Amministratrice delegata

Carlo Feltrinelli e Alessandra Carra tagliano il nastro davanti alla nuova sede.

Via Quadrio la sera della festa per l'inaugurazione.

La notte dei libri
La notte dei libri
La notte dei libri

All'interno di casa Feltrinelli, gli uffici della casa editrice.

CAM
UNA FIN
Mezzanotte è passata da poco,
ma è difficile dormire bene
dopo una giornata come quella
del 15 dicembre 1969, dopo il
funerale delle vittime
dell'Agricoltura.
quell'angoscia
ossa insieme a
vista che rendeva
e nero il
nelle orecchie
delle famiglie

Jack Kerouac
I Sotterranei
prefazione di Henry Miller
GIULIETTA
ROMEO
UNTOLD

206
- 211

Rebels with a cause

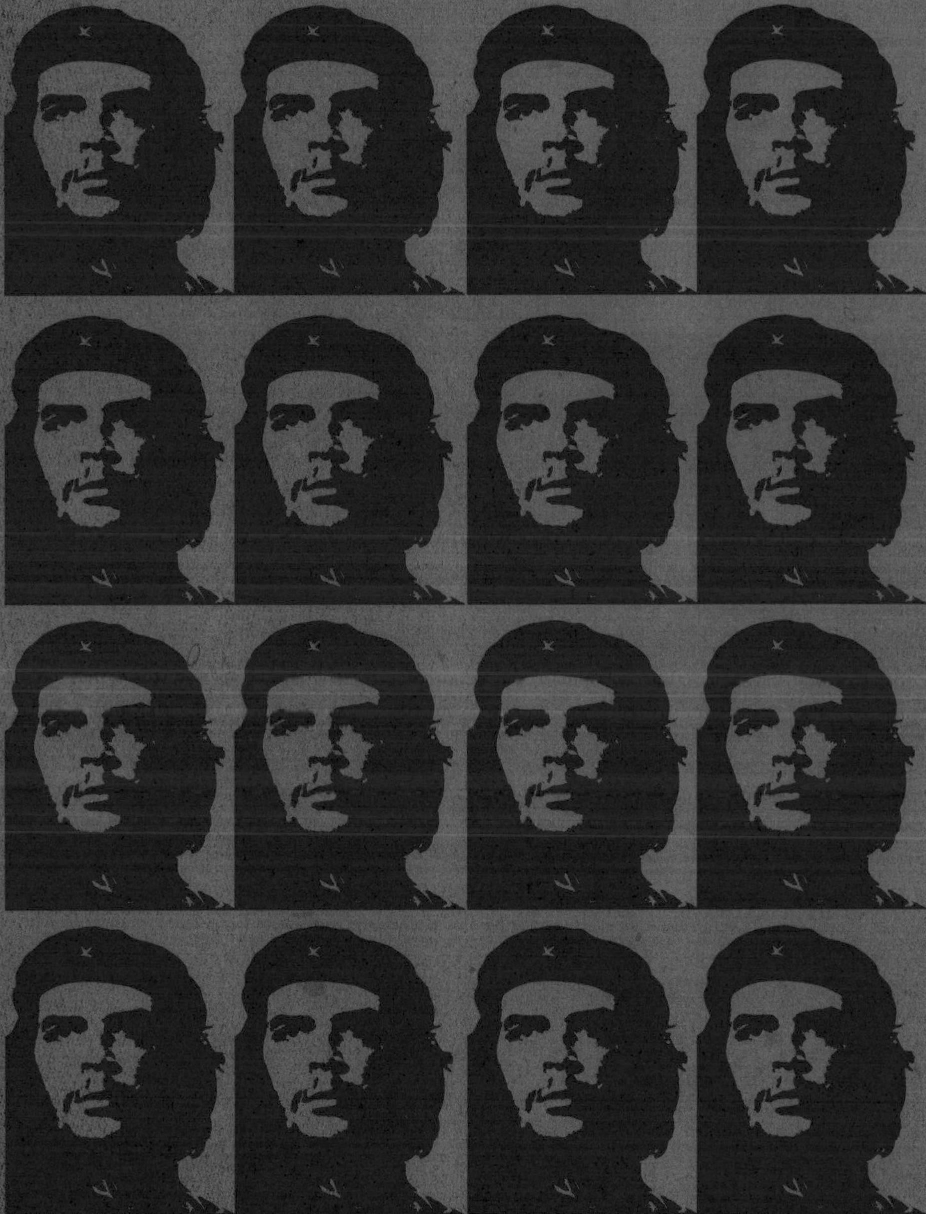

VANDANA SHIVA
LE GUERRE DELL'ACQUA

I Narratori
Feltrinelli
RYSZARD
KAPUŚCIŃSKI
CRISTO CON IL
FUCILE IN SPALLA

PETER LINEBAUGH
MARCUS REDIKER
I ribelli dell'Atlantico
La storia perduta di un'utopia libertaria
UNIVERSALE
ECONOMICA
FELTRINELLI / STORIA

José Bové e François Dufour
Il mondo non è
in vendita
Agricoltori
contro la
globalizzazione
alimentare
Feltrinelli

LIBERAZIONE
O MORTE
Antologia degli scritti
PADRE CAMILO TORRES
Feltrinelli UE 583

BAKUNIN
STATO E ANARCHIA
e altri scritti
Feltrinelli

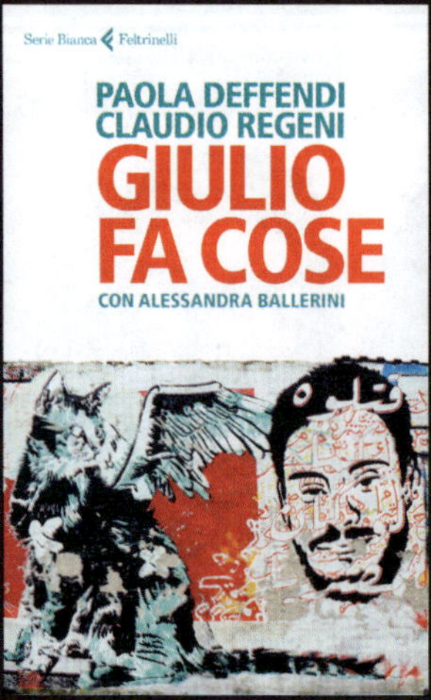
Serie Bianca Feltrinelli
PAOLA DEFFENDI
CLAUDIO REGENI
GIULIO
FA COSE
CON ALESSANDRA BALLERINI

Alberta Basaglia
Le nuvole di Picasso
Feltrinelli

GIORGIO
BOCCA
Partigiani
della montagna
La Resistenza come lezione di libertà.
Sessant'anni dopo, la testimonianza di Giorgio Bocca,
giovane partigiano piemontese.
Feltrinelli

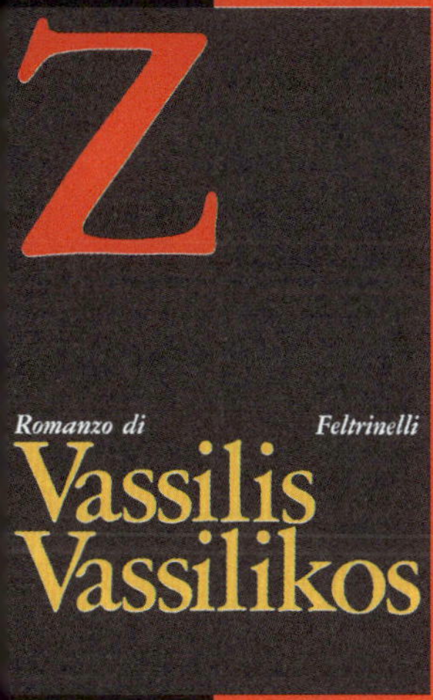

PIÙ SI OSTINANO
A NASCONDERE
QUESTO BEL FIORE,
PIÙ IL VIANDANTE
SARÀ OSTINATO
A COGLIERLO.

Diario del "Che" in Bolivia

VITTORIO
AGNOLETTO
LORENZO
GUADAGNUCCI
L'ECLISSE
DELLA
DEMOCRAZIA
Le verità nascoste
sul G8 2001 a Genova
Serie Bianca Feltrinelli

Pino Cacucci
Ribelli!
Feltrinelli

SANTE NOTARNICOLA
L'EVASIONE IMPOSSIBILE
FELTRINELLI
PREFAZIONE DI PIO BALDELLI
FRANCHI NARRATORI

Serie Bianca Feltrinelli
GINO STRADA
UNA PERSONA
ALLA VOLTA

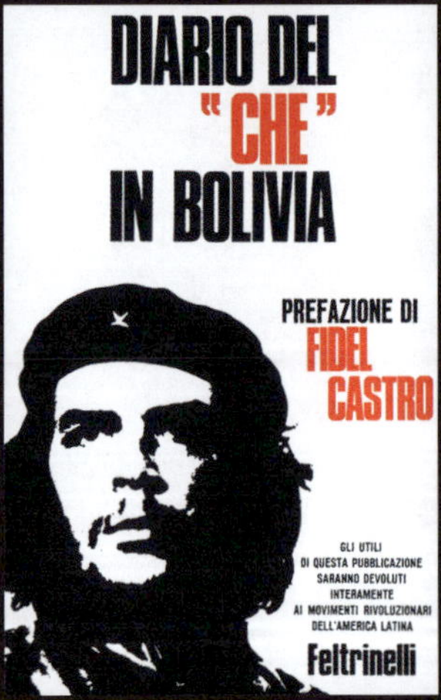
DIARIO DEL
"CHE"
IN BOLIVIA
PREFAZIONE DI
FIDEL
CASTRO
GLI UTILI
DI QUESTA PUBBLICAZIONE
SARANNO DEVOLUTI
INTERAMENTE
AI MOVIMENTI RIVOLUZIONARI
DELL'AMERICA LATINA
Feltrinelli

Feltrinelli
Paul K.
Feyerabend
CONTRO
IL METODO
Abbozzo di una teoria anarchica
della conoscenza. Edizione definitiva
Campi del Sapere

ALDO BRAIBANTI
LE PRIGIONI
DI STATO
Un moderno pensatore anarchico annuncia
la fine dell'Uomo e la resurrezione della natura
I NUOVI TESTI
FELTRINELLI

Serie Bianca Feltrinelli
MIMMO
LUCANO
IL FUORILEGGE
LA LUNGA BATTAGLIA DI UN UOMO SOLO

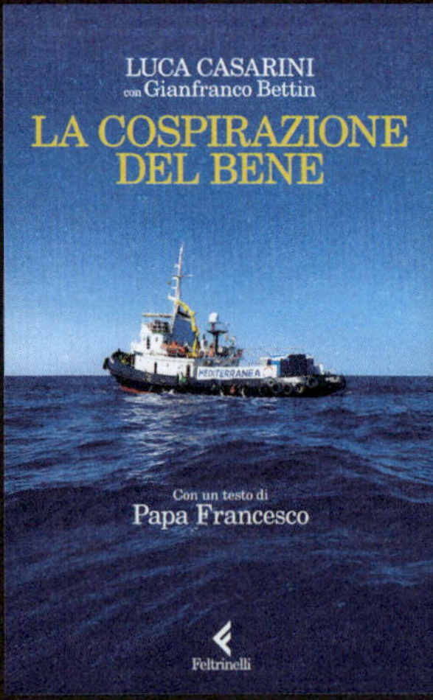
LUCA CASARINI
con Gianfranco Bettin
LA COSPIRAZIONE
DEL BENE
MEDITERRANEA
Con un testo di
Papa Francesco
Feltrinelli

LUCIANO
BIANCIARDI
La vita agra
UNIVERSALE
ECONOMICA
FELTRINELLI

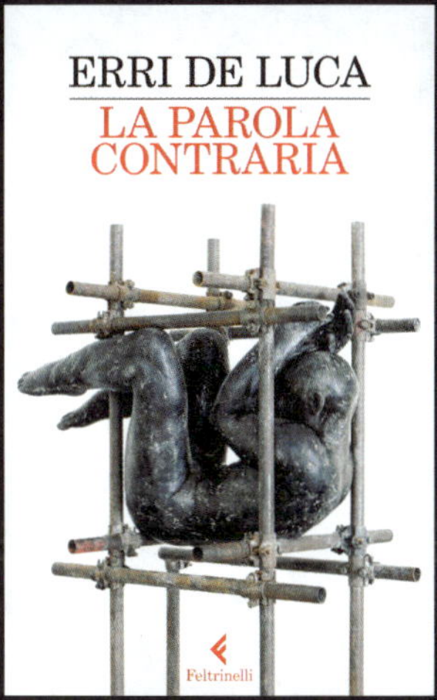
ERRI DE LUCA
LA PAROLA
CONTRARIA
Feltrinelli

Feltrinelli
Donna J. Haraway
MANIFESTO
CYBORG
Donne, tecnologie
e biopolitiche del corpo
interZone

Muhammad
Yunus
Il banchiere
dei poveri
Con la collaborazione di Alan Jolis
Feltrinelli

OCCUPY
WALL
STREET
chi siamo.
cosa vogliamo.
come faremo.
Feltrinelli

Serie Bianca Feltrinelli
JOSHUA WONG
NOI SIAMO
LA RIVOLUZIONE
PERCHÉ LA PIAZZA PUÒ SALVARE
LA DEMOCRAZIA
Con Jason Y. Ng

dall'autore del bestseller Palazzo Yacoubian
'Ala al-Aswani
la rivoluzione
egiziana
Serie Bianca Feltrinelli

Serie Bianca Feltrinelli
FRÉDÉRIC MARTEL
GLOBAL
GAY

Günter Amendt
no drugs
no future
Le droghe nell'età dell'ansia sociale
Feltrinelli

212 - 217

Scienza e Sentimento

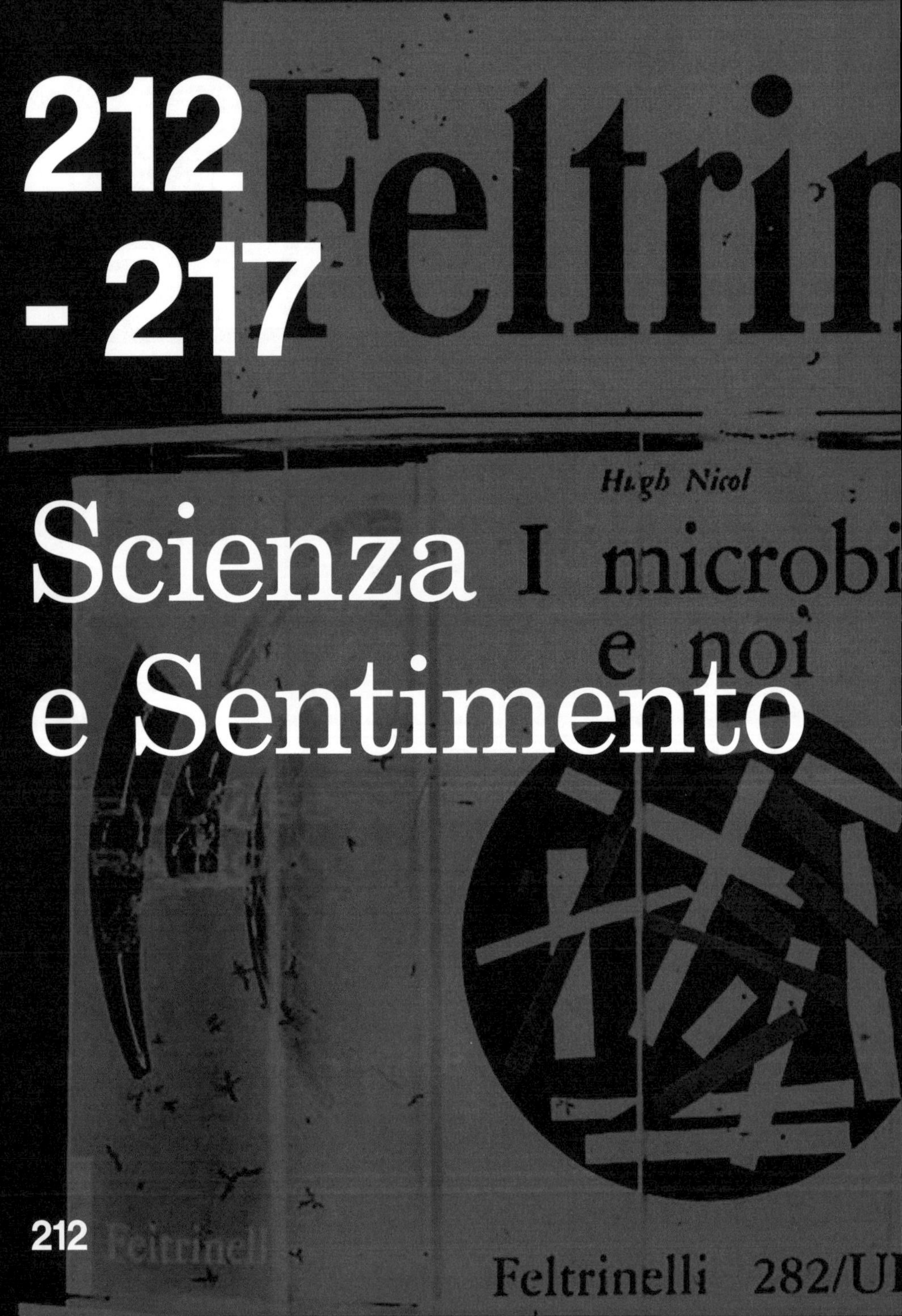

212

“Campi del sapere” non è solo il nome di una delle collane più longeve della casa editrice. È anche, dall’origine, un’opzione irrinunciabile e prioritaria: guardare cosa accade nel mondo della ricerca scientifica, vastissimo ma spesso riservato ai soli specialisti, per chiedersi cosa possa essere portato all’attenzione di un pubblico più ampio, per accompagnarne la crescita culturale e civile.

Che si tratti di scienze naturali (fisica, biologia, ma anche matematica) o del variegato campo delle scienze umane (studi storici, sociali e politici, critica letteraria e artistica, psicologia e pedagogia) la curiosità non è mai spenta: né potrà mai esserlo, perché l’attitudine a un neoilluminismo consapevole e moderno resta parte essenziale della ragion d’essere dell’editore.

Campi del sapere/ Feltrinelli
Eugenio Borgna
Malinconia
Willard Van Orman Quine
Manuale di logica
introduzione di Michele Pacifico
Sidarta Ribeiro
L'ORACOLO DELLA NOTTE
Storia e scienza del sogno
Feltrinelli
Cristiano Galbiati
LE ENTITÀ OSCURE
Viaggio ai limiti dell'Universo
Feltrinelli
Feltrinelli Editore Milano
H. WEYL LA SIMMETRIA
LA STORIA DELL' ATOM
Walter Grey Walter
Il cervello vivent
Feltrinelli Editore Milano
Le due culture
ELEMENTI DI STOR
DELLA MATEMATIC
FELTRINELLI
Mario Ageno
Le radici
della biologia
M. E. Omelyanovskij, V. A. Fock
e altri
L'interpretazione
materialistica
della meccanica quantistica
Fisica e filosofia in URSS
Guido Tonelli
GENESI
Il grande racconto
delle origini
Feltrinelli
Feltrinelli Editore Milano
BRONISLAW MALINOWSKI
TEORIA SCIENTIFICA
DELLA CULTURA E ALTRI SAGGI
Critica e crescita
della conoscenza
a cura di Imre Lakatos e Alan Musgrave
edizione italiana a cura di Giulio Giorello
214

MASSIMO RECALCATI
IL COMPLESSO DI TELEMACO
GENITORI E FIGLI DOPO IL TRAMONTO DEL PADRE
GIOVANNI JERVIS
Manuale critico di psichiatria
IL BAMBINO È COMPETENTE
Valori e conoscenze in famiglia
Psicanalisi della guerra
Franco Fornari
Feltrinelli
LA PSICOLOGIA DELLA GESTALT
hilbert
fondamenti della geometria
Con i supplementi di Paul Bernays
Introduzione all'edizione italiana di Carlo Felice Manara
feltrinelli
ROLF SELLIN
Le persone sensibili hanno una marcia in più
UMBERTO GALIMBERTI
IL LIBRO DELLE EMOZIONI
MICHEL FOUCAULT
La sessualità
non sbagliano mai
Howard Gardner
Aprire le menti
EUGENIO BORGNA
L'arcipelago delle emozioni
215

01
02
03
04
05
08
09
10
11
12
15
16
17
18
19
22
23
24
25
26

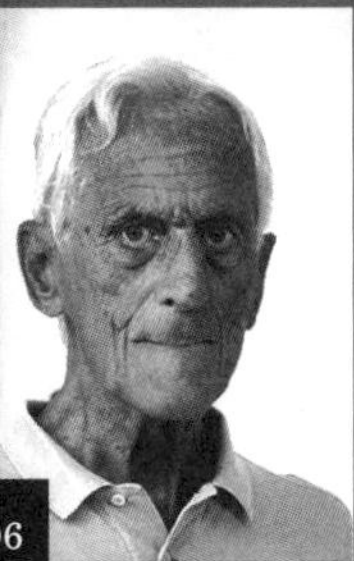
6

07

3

14

0

21

7

28

La dinamica della storia delle idee è impensabile senza ricollegarsi a quegli intellettuali che, con il loro pensiero indocile, anzi spesso sovversivo, hanno contribuito a mettere in crisi i valori fondanti dei dogmi, delle credenze, dei costrutti ideologici vigenti.

Tomás Maldonado
Che cos'è un intellettuale

Alcuni protagonisti della saggistica Feltrinelli degli ultimi decenni:

01 – John Rawls
02 – Nadia Urbinati
03 – Howard Gardner
04 – Richard Sennett
05 – Zygmunt Bauman
06 – Eugenio Borgna
07 – Bruno Bettelheim
08 – Judith Butler
09 – Tomás Maldonado
10 – Jürgen Habermas
11 – Adriana Cavarero
12 – Salvatore Veca
13 – Guido Tonelli
14 – Edward Said
15 – Carlo Ginzburg
16 – Danilo Zolo
17 – Esther Duflo
18 – Michael Sandel
19 – Michel Foucault
20 – Enzo Traverso
21 – Eva Cantarella
22 – Chiara Saraceno
23 – Remo Bodei
24 – Pierre Bourdieu
25 – Paul Feyerabend
26 – Lea Ypi
27 – Luigi Ferrajoli
28 – Wolfgang Streeck

|

218
- 235

Tempi

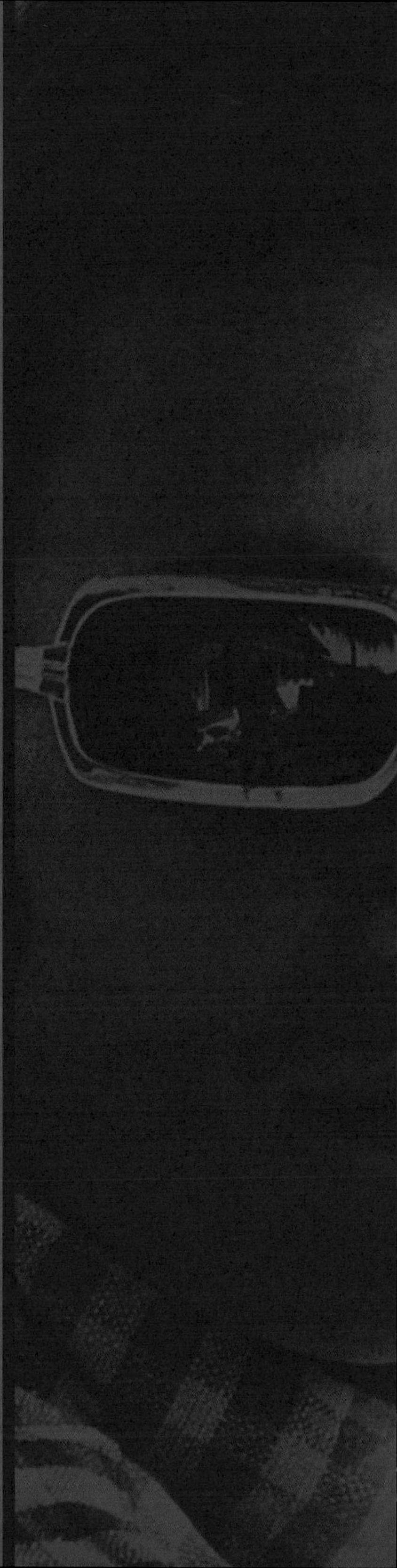

Leggere i tempi.
Fare questo sforzo
entusiasmante,
necessario, critico.
Trovare la sintonia,
una sintonia,
per rendere leggibile
quel che di luminoso
c'è in un'epoca,
e quel che c'è di oscuro.
E provare ad anticipare
i tempi che verranno.

Vignetta di Tullio Pericoli sulla casa editrice degli anni sessanta.

Agli inizi degli anni sessanta si registra un'inedita spinta nel panorama culturale italiano: c'è bisogno, c'è urgenza di stravolgere il dibattito letterario, anche fuori dalla cerchia degli addetti ai lavori. E così, nell'ottobre del 1963, a Palermo nasce il Gruppo 63: lo scandalo della "neoavanguardia show" che Feltrinelli sostiene fin dal principio. E che porta con sé linguaggi del tutto nuovi: "Siamo Tutti Avanguardia ovvero Non Perdete L'Autobus Finché Siete In Tempo ovvero Ma Lei È Ancora A Carlo Cassola?".

L'anno dopo, a cura di Nanni Balestrini e Alfredo Giuliani, esce il volume *Gruppo 63. La nuova letteratura*.

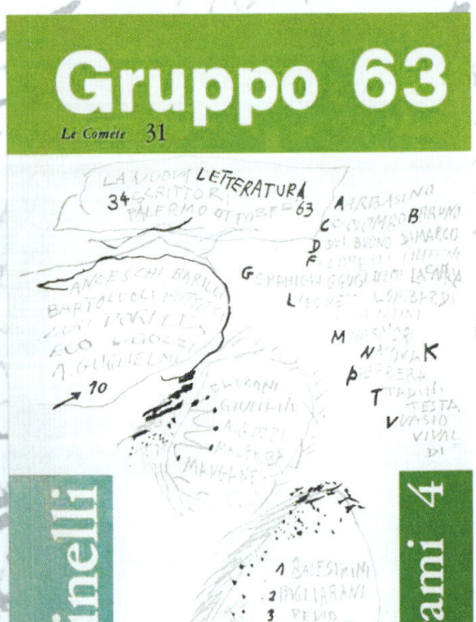

In alto, un incontro del Gruppo 63 in cui si riconoscono, tra gli altri: Elio Pagliarani, Umberto Eco, Nanni Balestrini e Edoardo Sanguineti.
Al centro, Edoardo Sanguineti nella locandina di *Capriccio italiano*, punto di riferimento della nuova narrativa.
Sotto, Biennale di Venezia 1964. Si riconoscono in primo piano da sinistra: Elio Pagliarani, Furio Colombo, Giuseppe Ungaretti, Carla Vasio e Inge Feltrinelli. Alle spalle: una nipote di Pirandello, Antonio Porta, Nanni Balestrini.

L'AVVENTURA
DELL'OPERAIO-MASSA:
DAL SUD ALLE FABBRICHE
DI MILANO, ALLA FIAT
DELL'AUTUNNO CALDO.
UN BALESTRINI "NUOVO"
NE REGISTRA LA
SORPRENDENTE VOCE
E IL VIOLENTO RACCONTO.

Mi vado a prendere una coca e me la bevo e arrivo in ritardo alla linea di montaggio. Perché ci si deve arrivare sempre prima, mai dopo. E trovai già lí il capo, l'altro capo, tutti quanti lí che mi guardavano. E c'era il fuorilinea al mio posto. Arrivai lí e il capo disse: guardi che lei sta rompendo le scatole, qui si arriva in orario, adesso le do mezzora di multa. Gli dico: fai quel cazzo che vuoi, tu m'hai rotto le scatole, tu e la Fiat, va' fa 'n culo se no ti tiro qualcosa in testa. Fatevele andare voi queste macchine, chi se ne frega.

E tutti gli operai che stavano lí intorno mi guardavano, e io gli dicevo: ma siete degli stronzi voi, siete degli schiavi. Qui bisogna picchiarli a 'sti guardioni qua, a 'sti fascisti. Che cazzo sono 'sti insetti, sputiamogli in faccia e facciamo quello che vogliamo, qui mi sembra il servizio militare. Fuori dobbiamo pagare se entriamo in un bar, dobbiamo pagare nel tram, dobbiamo pagare la pensione, dobbiamo pagare tutto, e qui dentro ci vogliono anche comandare. Per quattro soldi che non servono a niente, per un lavoro che ci fa crepare e basta. Ma siamo impazziti. Questa è una vita di merda, sono piú liberi quelli che stanno in galera di noi, qui incatenati a queste macchine schifose, coi secondini tutti intorno, ci manca solo che ci frustino anche.

Comunque cominciai a lavorare di malavoglia perché volevo lottare, volevo fare qualche cosa, stare lí non mi andava. Mentre ero cosí, sento da lontano le urla. Le officine delle carrozzerie sono dei capannoni grandissimi, che non si vede in fondo, dove c'è un rumore grandissimo, non si sente la voce umana. Sentivo dei casini, urla, e mi dico, questi sono i compagni che cominciano a fare il corteo, che non si capiva dov'era, che non si vedeva. Io abbandono il posto di lavoro, salto tutte le linee, le taglio in mezzo, lí dove stanno tutte le altre macchine, e vado dai compagni. Arrivo e anch'io mi metto a urlare insieme, ma le cose piú strane, che non c'entravano un cazzo, per fare un momento di rottura: Mao Tzetung, Ho Ci Min, Potere Operaio. E altre cose che non erano legate ma che ci piaceva dirle.

Avremmo gridato anche Viva Gigi Riva, Viva il Cagliari, Viva la fica, volevamo urlare delle cose che non c'entravano niente con la Fiat, con tutto quello che dovevamo fare lí dentro. Per questo tutti quanti, gente che non aveva mai sentito nominare Mao e Ho Ci Min, gridavano Mao e Ho Ci Min. Perché non c'entrava un cazzo con la Fiat e gli andava bene. E cominciamo a fare un corteo, eravamo un'ottantina di persone. Man mano che il corteo passava tra le linee, si ingrandiva di dietro. A un certo punto arriviamo in un posto dove c'erano dei cartoni, li strappiamo e col gesso ci scriviamo degli slogan: compagni uscite dalle linee il vostro posto è con noi. Su un altro scriviamo: potere operaio. Su un altro ancora: ai lecchini il lavoro agli operai le lotte. Andammo avanti con questi tre cartelli.

Il corteo cominciò a ingrandirsi e arrivarono i sindacalisti. I sindacalisti era la prima volta che io li vedevo in vita mia dentro la Fiat. Cominciano i sindacalisti: compagni, non bisogna lottare adesso; le lotte le faremo in autunno insieme al resto della classe operaia, insieme a tutti gli altri metalmeccanici. Adesso significa indebolire la lotta, se ci scontriamo adesso come faremo poi a ottobre. Noi gli dicevamo: le lotte bisogna farle adesso perché è ancora primavera e c'è ancora l'estate davanti. A ottobre ci serviranno i cappotti, le scarpe, ci servirà pagare il riscaldamento nelle case, i libri dei figli per la scuola. Per cui l'operaio non può lottare d'inverno, deve lottare d'estate. Perché d'estate può dormire pure all'aria aperta, d'inverno no. E poi lo sapete che è in primavera che la Fiat ha piú richiesta di produzione, se fermiamo adesso freghiamo la Fiat, che a ottobre non gliene importa piú niente.

I sindacalisti cominciarono a fare capannelli, a dividerci, a separare il corteo. Noi, in una ventina, facciamo un altro corteo in un altro posto e recuperiamo altri compagni. Dopo due ore riusciamo a bloccare tutte le linee. Proprio allora arriva il capo delle carrozzerie, il colonnello. Lí eravamo all'officina 54, ma si

da **Feltrinelli**

novità in tutte le librerie

Il 1968 e il 1969 sono anni nevralgici per l'Italia e Feltrinelli li fotografa, li analizza, cerca di interpretarli nella bruciante attualità. Da un lato, il 1968 con il movimento operaio, riletto dalla ricerca letteraria di Nanni Balestrini. Dall'altro, l'emblematica strage di Piazza Fontana del 12 dicembre 1969, su cui la casa editrice interviene da subito e non smette di interrogarsi ancora oggi.

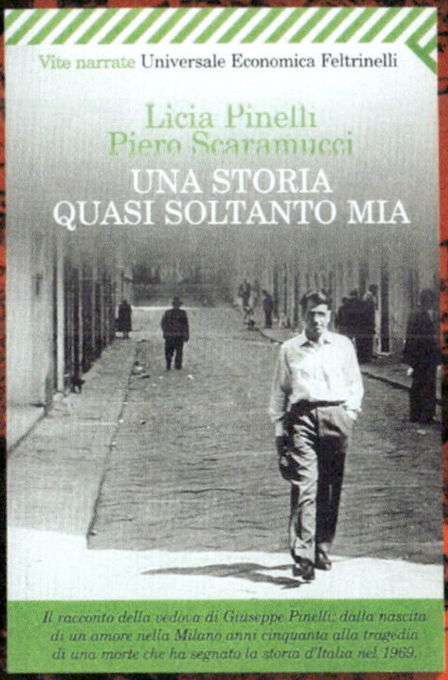

Manifesto per le 30000 copie vendute di *Razza padrona* di Eugenio Scalfari e Giuseppe Turani che, già nell'anno della sua pubblicazione, 1974, si impone come un punto di riferimento imprescindibile per le inchieste sul capitalismo italiano: il titolo diventa subito slogan e ha un'inedita ricchezza di fonti, scrupolosità delle informazioni, testimonianze dirette.

Locandina del film *Padre padrone* dei fratelli Taviani, Palma d'Oro a Cannes 1977, tratto dal romanzo di Gavino Ledda pubblicato da Feltrinelli nel 1974. La storia autobiografica di chi, in una terra ancora segnata dal passato e da valori soffocanti, cerca di emanciparsi attraverso lo studio e il pensiero.

Raccontare la storia italia riconoscendone gli snodi a raccontarla con lo sguar di una versione univoca d

a mentre accade,
e continuare
o di chi non si accontenta
la Storia.

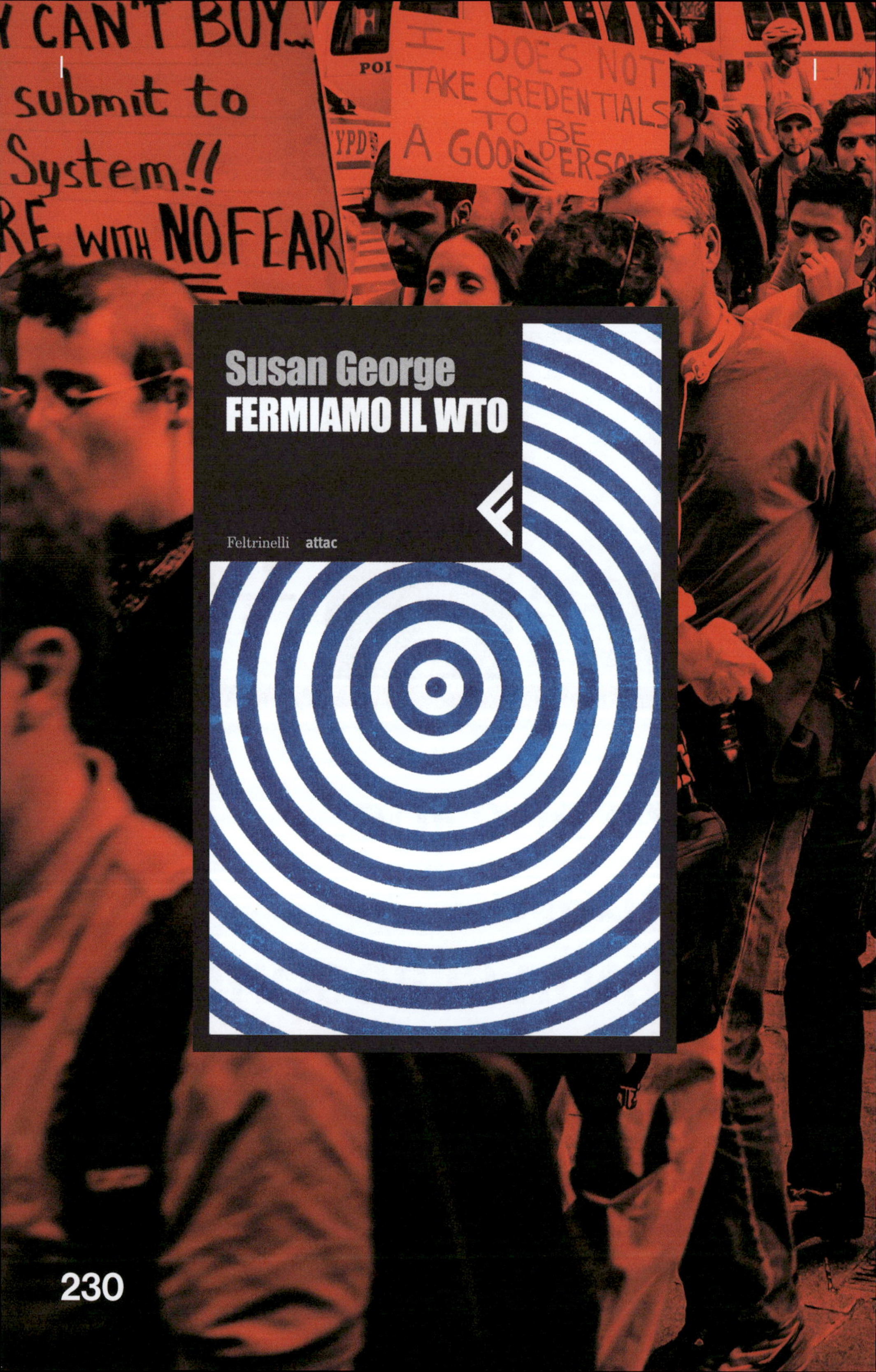
CAN'T BUY
submit to
System!!
WITH NOFEAR
IT DOES NOT
TAKE CREDENTIALS
TO BE
A GOOD
Susan George
FERMIAMO IL WTO
Feltrinelli attac

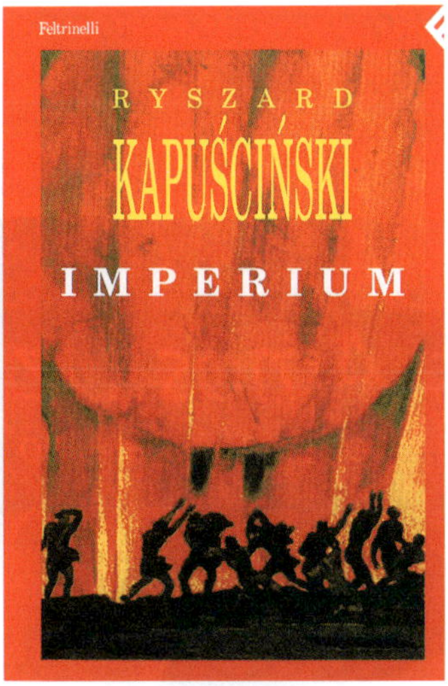

Allargare lo sguardo fuori dall'Italia, fin dal principio, per leggere i tempi del grande mondo in cui abitiamo, le traiettorie che lo segnano, gli eventi che accadono altrove ma riecheggiano dovunque.

Guardare dentro le questioni più controverse di ogni tempo per capire, capire, capire.

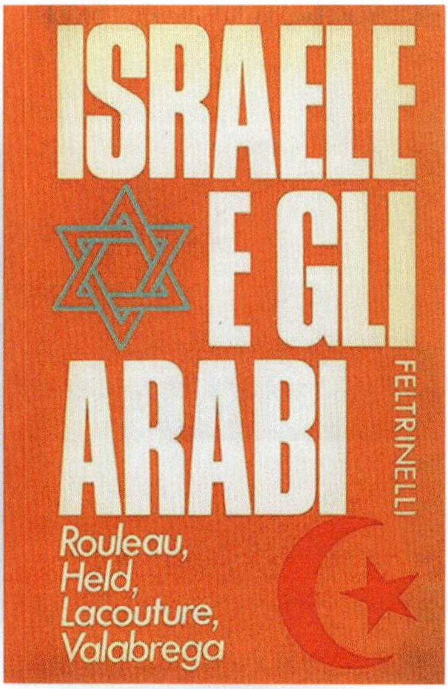

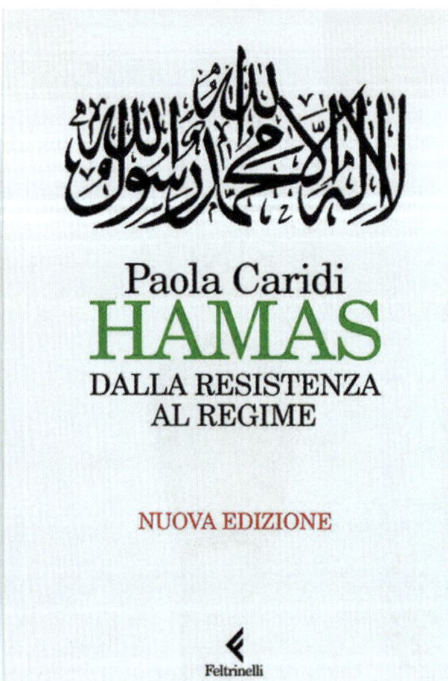

GAD LERNER
GAZA
Odio e amore per Israele
Feltrinelli

Maria Novella De Luca
Simonetta Fiori
LE APPASSIONATE
Storie di donne che hanno cambiato il futuro
Feltrinelli
LIBERO!!
P.R. LAZIO

Esserci, lì dove si disegnano i tempi nuovi.

236
- 253

Universale Economica

S. Sambursky
Il mondo fisico dei greci
Prefazione di Ludovico Geymonat
Feltrinelli Editore Milano
266
Peter Bächlin
nema come industria
Storia economica del film
a cura di Libero Solaroli
Feltrinelli Editore Milano
240
Barry Ulanov
Manuale del jazz
Feltrinelli Editore Milano
Israel Epstein
Breve storia della Cina moderna
221

A destra, alcuni titoli dell'Universale Economica della fine degli anni cinquanta.
Qui sopra, un espositore con titoli UE.

L'Universale Economica
è Feltrinelli prima di Feltrinelli.
È una storia che inizia dai tascabili,
là dove gli altri editori arrivano una
volta ottenute maturità e stabilità.
È un'editoria che si pone come
progetto politico prima ancora
che come impresa commerciale.
È il laboratorio in cui Giangiacomo
Feltrinelli svolge il suo
apprendistato di editore.

Se la casa editrice nasce
ufficialmente nel 1955, fin dal 1949
Giangiacomo Feltrinelli è al lavoro
su titoli e copertine della Colip
– la Cooperativa del libro popolare –
casa editrice fondata dal PCI
che ha nell'Universale Economica
la sua collana principale. In cinque

UNIVERSALE ECONOMICA
Gogol
IL CAPPOTTO
a cura di Oreste Del Buono
5
UNIVERSALE ECONOMICA - VOLUME N.
DIREZIONE: VIA SOLFERINO, 26 - MILANO L. 100

Luciano Bianciardi
Il lavoro culturale
urs
Feltrinelli Editore
234
Universale
Economica

anni, quasi 200 titoli, un'identità grafica inconfondibile fatta di fasce colorate, e un prezzo senza rivali: 100 lire, pari a circa 2,20 euro di oggi. Dalle ceneri della Colip, che Giangiacomo Feltrinelli rileva nel 1954, prende vita la sua avventura editoriale.
E se la neonata casa editrice amplia gli orizzonti e diversifica la produzione, l'Universale Economica resta la sua spina dorsale: definisce il pubblico di riferimento e ne incarna la missione, politica prima ancora che commerciale. Non a caso, la collana mantiene il suo nome originale e prosegue la numerazione della Colip, come a suggellare una continuità ideale tra passato e futuro.

Negli anni, la UE è stata la casa
di libri destinati a lasciare il segno.

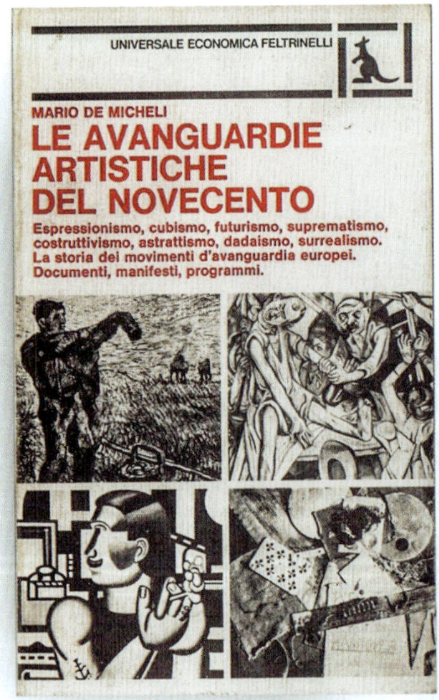

come le sigarette
come il rotocalco
come il cinema
il libro
non è più
una spesa

UE

Universale Economica

Feltrinelli

LA MISSIONE DELL'UNIVERSALE ECONOMICA È RACCHIUSA NEL SUO NOME. UNIVERSALE, PERCHÉ AMBISCE A "PROPORRE IL MEGLIO DELLA NOSTRA TRADIZIONE CULTURALE E LE OPERE PIÙ VIVE DEL PRESENTE", SENZA RESTRIZIONI O DOGMATISMI. UNA COLLANA CAPACE DI RECEPIRE IL CAMBIAMENTO, ACCOGLIERE LE NOVITÀ E MANTENERSI RADICATA IN UNA STORIA BEN PRECISA. ECONOMICA, PERCHÉ I SUOI PREZZI ACCESSIBILI MIRANO A RAGGIUNGERE OGNI STRATO DELLA SOCIETÀ, APRENDO IL MONDO DELLA CULTURA E DELLE IDEE A CHI FINO A QUEL MOMENTO NE È RIMASTO ESCLUSO.

Nel tempo, la veste grafica dei Classici dell'Universale Economica è cambiata. Qui accanto, per esempio, tre copertine di *Bartleby lo scrivano*.

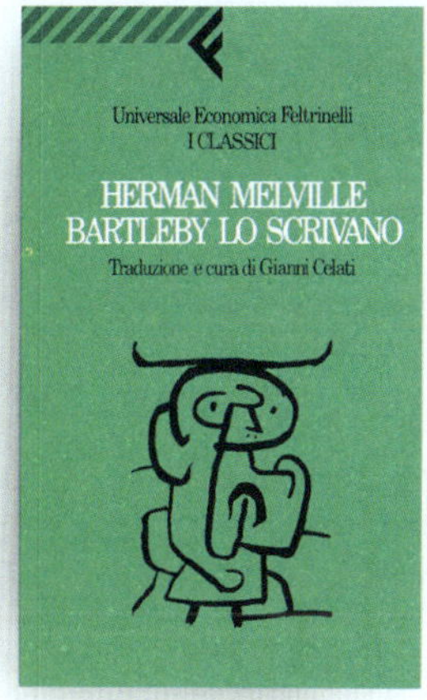
Universale Economica Feltrinelli
I CLASSICI
HERMAN MELVILLE
BARTLEBY LO SCRIVANO
Traduzione e cura di Gianni Celati

I Classici Universale Economica Feltrinelli
HERMAN MELVILLE
Bartleby lo scrivano
Traduzione e cura di Gianni Celati

HERMAN MELVILLE
Bartleby lo scrivano
UNIVERSALE ECONOMICA FELTRINELLI / CLASSICI

In settant'anni, l'Universale Economica ha pubblicato migliaia di titoli – a oggi il catalogo ne conta oltre tremila – e venduto milioni di copie, diventando un punto di riferimento per generazioni di lettori. Ha attraversato trasformazioni culturali, politiche ed estetiche, restando sempre fedele alla sua identità. E se nei primi anni il catalogo si concentrava su classici del pensiero politico e della narrativa impegnata, oggi la UE è un universo variegato che comprende saggistica, narrativa contemporanea, gialli, fumetti e testi divulgativi, articolati in diverse serie tematiche – come I Classici, inaugurati nel 1991 e oggi la più diffusa collana in Italia.

Da Karl Marx a Edgar Morin, da Luciano Bianciardi a Billie Holiday, da Friedrich Hölderlin a Sibilla Aleramo, da José Saramago

KARL MARX
Antologia
Capitalismo, istruzioni per l'uso
UNIVERSALE
ECONOMICA
FELTRINELLI / SAGGI

Universale Economica Feltrinelli
EDGAR MORIN
IL PARADIGMA
PERDUTO
Che cos'è la natura umana?

I Classici Universale Economica Feltrinelli
FRIEDRICH HÖLDERLIN
Edipo il Tiranno
Introduzione di Franco Rella
Traduzione e cura di Tomaso Cavallo
Testo originale a fronte

SIBILLA ALERAMO
Una donna
Prefazione di Anna Folli
Postfazione di Emilio Cecchi
UNIVERSALE
ECONOMICA
FELTRINELLI

fino a Ottessa Moshfegh e Colum McCann, l'Universale Economica continua a essere una porta d'ingresso alla cultura, un modo per leggere il mondo.

Un'editoria popolare nel senso più alto del termine.

JOSÉ SARAMAGO
Del resto e di me stesso
JOSÉ SARAMAGO
Le poesie
JOSÉ SARAMAGO
Diario dell'anno del Nobel
L'ultimo quaderno di Lanzarote
JOSÉ SARAMAGO
Il vangelo secondo Gesù Cristo
PREMIO NOBEL PER LA LETTERATURA
JOSÉ SARAMAGO
Il Quaderno
JOSÉ SARAMAGO
Caino
JOSÉ SARAMAGO
La vedova
SARAMAGO
Lucernario
JOSÉ SARAMAGO
Memoriale del convento
JOSÉ SARAMAGO
Quaderni di Lanzarote
JOSÉ SARAMAGO
Di questo mondo e degli altri
JOSÉ SARAMAGO
Le piccole memorie
JOSÉ SARAMAGO
Storia dell'assedio di Lisbona
JOSÉ SARAMAGO
Saggio sulla lucidità
JOSÉ SARAMAGO
La zattera di pietra
JOSÉ SARAMAGO
Oggetto quasi
PREMIO NOBEL PER LA LETTERATURA
Universale Economica Feltrinelli
JOSÉ SARAMAGO
UNA TERRA CHIAMATA ALENTEJO
PREMIO NOBEL PER LA LETTERATURA
JOSÉ SARAMAGO
Cecità
PREMIO NOBEL PER LA LETTERATURA
Universale Economica Feltrinelli
JOSÉ SARAMAGO
MANUALE DI PITTURA E CALLIGRAFIA
PREMIO NOBEL PER LA LETTERATURA
JOSÉ SARAMAGO
Viaggio in Portogallo
PREMIO NOBEL PER LA LETTERATURA

L'edizione speciale di venticinque titoli
del catalogo, pubblicata nel 2025,

UNIVERSALE ECONOMICA
Maurizio Maggiani
IL CORAGGIO DEL PETTIROSSO
Feltrinelli
UNIVERSALE ECONOMICA
Hannah Arendt
LA BANALITÀ DEL MALE
Feltrinelli
UNIVERSALE ECONOMICA
Isabel Allende
PAULA
Feltrinelli
UNIVERSALE ECONOMICA
Antonio Tabucchi
REQUIEM
Feltrinelli
UNIVERSALE ECONOMICA
Erri De Luca
MONTEDIDIO
Feltrinelli
UNIVERSALE ECONOMICA
Paolo Rumiz
È ORIENTE
Feltrinelli
UNIVERSALE ECONOMICA
Amos Oz
UNA STORIA DI AMORE E DI TENEBRA
Feltrinelli
UNIVERSALE ECONOMICA
Bob Dylan
CHRONICLES
VOLUME 1
Feltrinelli
UNIVERSALE ECONOMICA
Colum McCann
APEIROGON
Feltrinelli
UNIVERSALE ECONOMICA
Michele Serra
CERIMONIE
Feltrinelli
UNIVERSALE ECONOMICA
Richard Ford
CANADA
Feltrinelli

254 - 265

Villadeati

Allen Ginsberg e Edoardo Sanguineti a Villadeati
(foto di Inge Schoenthal).

Villadeati, con vino locale e salame
e grappa, era un piacevolissimo
"alto luogo" di conversazione e relax
primaverile e autunnale. [...]
Lì continuiamo a ricordare, sempre
più lontana – siamo quasi tutti morti –
una affollata festa settembrina, una grande
colazione domenicale e rustica, in una
Italia ancora spensierata, con una Milano
giovane e civilissima che oggi
può sembrare un mixed grill fra l'Urbino
di Baldassar Castiglione e il salotto
della Contessa Maffei. [...]
Ma a Villadeati in quella domenica ormai
lontana come Via col vento la banda del
paese suonava monferrine da una loggia,
e "c'era tutta Milano", Giangiacomo dava
le salsicce e il pollo a Wally che diceva
(come Gadda, con sostantivi morali)
"che bontà che bontà" seduta sul prato,
Giannalisa e Inge vestite di rosso
si parlavano in tedesco da una torretta
a un balcone, e Pietrino Bianchi guardava

Anno 101 Numero 231

Un piccolo "Feltrinelli Satyricon„ a Villadeati

Eliogabalo nel Monferrato per il romanzo di Arbasino

La casa editrice milanese ha invitato gli amici dello scrittore per festeggiare l'uscita di un libro che mescola allegramente passato e presente - C'erano belle donne, intellettuali e uomini di teatro

dal nostro inviato

Villadeati, lunedì matt.

Come ci si bacia bene sulle dolci colline del Monferrato. Lo scrittore con la duchessa, il *press agent* con l'attrice, lo scenografo con la celebre giornalista, il grande critico con l'affermato scrittore. Baci sulle guance, baci in aria, baci devoti sulla mano: baci intellettuali. Sul grande prato davanti al castello di Villadeati, sulle terrazze che digradano verso il paese, sui balconi e nelle sale si festeggia un imperatore romano, Eliogabalo, e il suo nuovo scopritore, Alberto Arbasino. Sull'invito c'è scritto: « La casa editrice Feltrinelli ha il piacere di invitarLa a una domenica con Alberto Arbasino per l'uscita di *Super Eliogabalo* ».

Sono venuti in un bel gruppo, da Milano, da Torino, da Roma, da Padova. Ci sono Barolini e Domenico Porzio, Gillo Dorfles e Gaia Servadio, Pier Luigi Pizzi e Wally Toscanini. C'è Inge Feltrinelli, squisita e sorridente padrona di casa, con una minigonna in stile western. C'è Kenneth Tyan, forse il maggior critico inglese che adesso dirige teatri e inneggia al nudo sul palcoscenico (sua l'idea di fare *O Calcutta*). C'è il fantasma di Eliogabalo in edizione super che gira non visto fra i tavoli e le signore accucciate sull'erba e i giovanotti con barba che [...]no la pipa. Ci sono fo[...] tri antichi romani in i[...] to, una specie di georgi[...] trinelli Satyricon costr[...] un regista che ama i [...] dolci, le coppie che [...] giano, i colloqui segre[...] di poche parole, i ban[...] un cane lupo che corr[...] mezzo al prato, tra g[...] tati: un poco di Fellin[...] poco di Antonioni.

Eliogabalo ha la su[...] denza in una cesta dal[...] le affiorano fasci arru[...] bozze, corrette dalla [...] calligrafia di Arbasino [...] romanzo in primissin[...] zione non ancora rileg[...] lo stato fluido, tutti [...] e leggono lacerti di [...] brandelli di racconto, [...] gentilezza di Arbasin[...] insieme con rapidi ri[...] verbali.

darli. (« *Sono del tutto disinibiti* » dice con un poco di invidia una bella ragazza). L'amplificatore nel giardino diffonde una sinfonia di Mahler. (Su quella musica, sul verde dei prati e sul bianco della casa le coppie si uniscono e si baciano). Conclude un abbraccio, Arbasino, e torna a parlare del libro. Chi sono le quattro mamme? « *Sono le mamme del '35* » — dice Arbasino — « *quelle belle mammone italiane che uno s'immagina debbano sempre abitare ai Parioli nella fascista Roma del '35. Delle mamme senza tante preoccupazioni, capaci di glorificare il buon Eliogabalo con le prime parole che gli passano per la mente. Delle vere mamme italiane del '35* ».

Arbasino, maglione aranciata, sguardo chiaro perso tra gli imperatori, deve interrompersi un'altra volta. Altri abbracci e altri baci sullo sfondo delle colline che ondulano delicatamente il panorama. C'è il piccolo campanile che batte le ore, e la piscina piena d'acqua chiara.

Scende la sera e si accendono le luci. Arbasino va da un invitato all'altro, dal cesto delle bozze Eliogabalo vuole dire di sé quello che Arbasino non ha detto. (Chi è l'imperatore della decadenza? Ce lo spiegano le mamme del '35 con questo coro incorreggibilmente trentacinquesco su ariette di Cole Porter: « *Eliogabalo / Sei un'araba fenice / Eliogabalo / Sei un'evoluzione creatrice / Eliogabalo / Sei Orfeo ed Euridice / Sei Dante e Beatrice* »).

Stefano Reggiani

estasiato in su esclamando "così, così doveva essere il cinema italiano, così bisognava fare *La notte*"...
E poi Pietro Ferraro (morto) si abbassò con l'aereo lanciando volantini augurali per Giangiacomo e Inge che andarono a finire perfino nel piatto di dolci che stavo dividendo con Ernesto Rogers (morto)...

Alberto Arbasino
Un Paese senza

Sopra, Régis Debray e Alberto Moravia nel 1970.
Accanto, il giardino di Villadeati.

Scene, eventi e ospiti a Villadeati.

266 - 281

Živago

Ora so che ogni volta che non saprò come andare avanti potrò tornare a Živago e imparare da lui la più grande lezione di vita.

Giangiacomo Feltrinelli,
lettera a Boris Pasternak del 1958

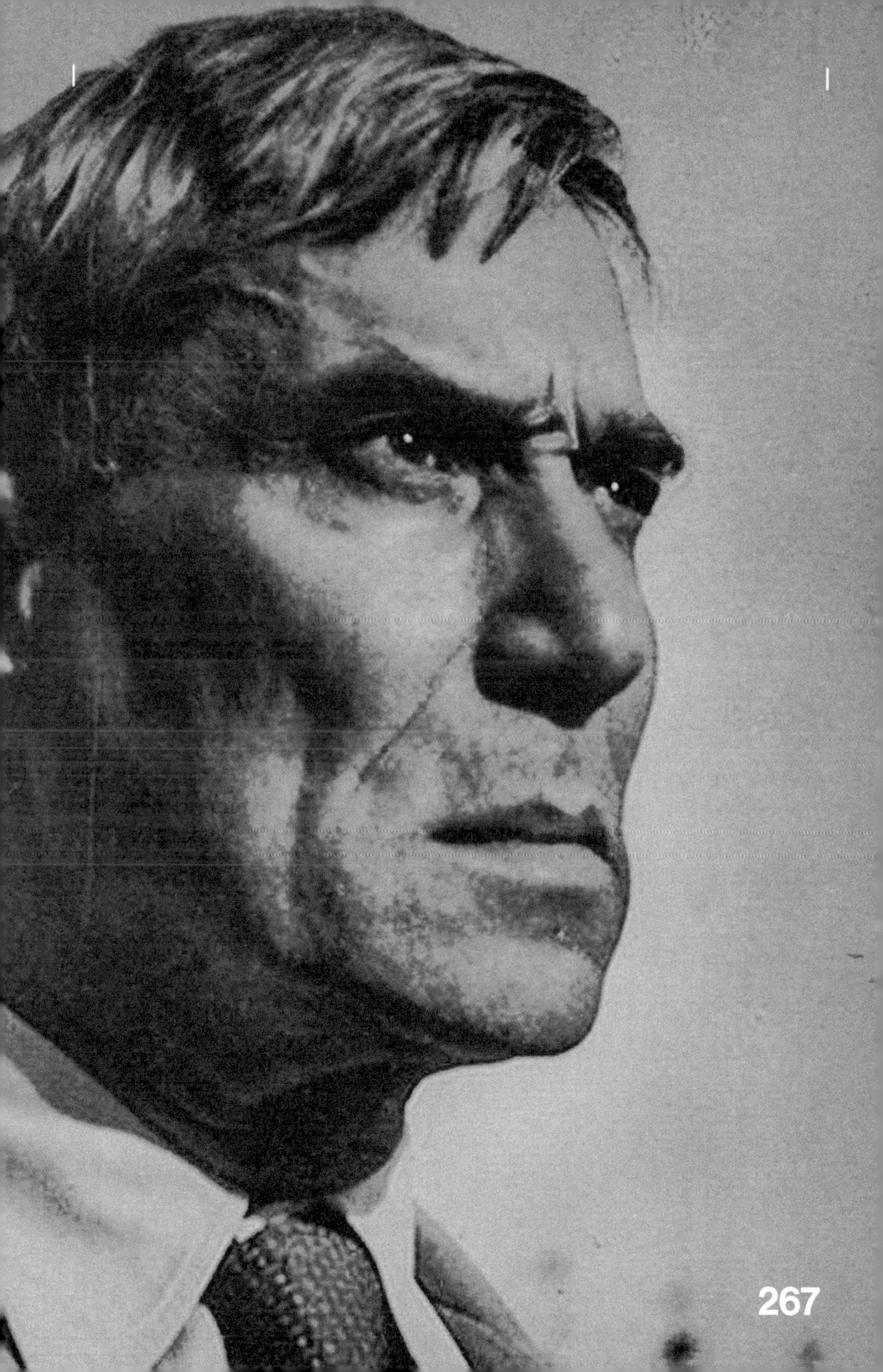

In alto, il telegramma che Pasternak, convocato dall'Unione scrittori di Mosca, viene costretto a inviare a Feltrinelli per rallentare la pubblicazione di *Il dottor Živago*. In basso, conferenza stampa di presentazione del romanzo all'Hotel Continental di Milano, nel novembre 1957 – al microfono Paolo Milano.

ITALCABLE

Prefisso e Numero - Provenienza - Numero Parole - Data - Ore - Indicazioni eventuali

LUMO128 RAO199 MOSCOU 54 14 1040

PER LA RISPOSTA TELEFONATE AL N. 88.38

ELT GIANGIACOMO FELTRINELLI EDITORE TELEGRAMMA via Italcable via Italo Radio

15 VIA FATEBENE FRATELLI MILANO

706

=SECONDO LA PREGHIERA DELLA CASA EDITORIALE GOSLITISDAT NOVAIA BASMANNAIA 18 MOSCA PREGO RITENERE LA PUBLICAZIONE ITALIANA DEL ROMANZO IL DOTTORE GIVAGO DURANTE UN MEZZO ANNO FIN LO PRIMO SETTEMBRE 1957 E LUSCITA DEL ROMANZO NEL EDIZIONE SOVIETICA LA RISPOSTA TELEGRAPHICA DIRIGERE AL GOSLITISDAT PASTERNAK

=PASTERNAK +

Il Governo Italiano e la Società Italcable non assumono alcuna responsabilità in conseguenza del servizio telegrafico

Feltrinelli Editore
un grande libro
IL DOTTOR ŽIVAGO
Pasternak
Interior Decoration
IL FOLKLORE SICILIANO
IL GAZZETTINO
LA NAZIONE
L'ITALIA
IL GIORNO
IL TEMPO

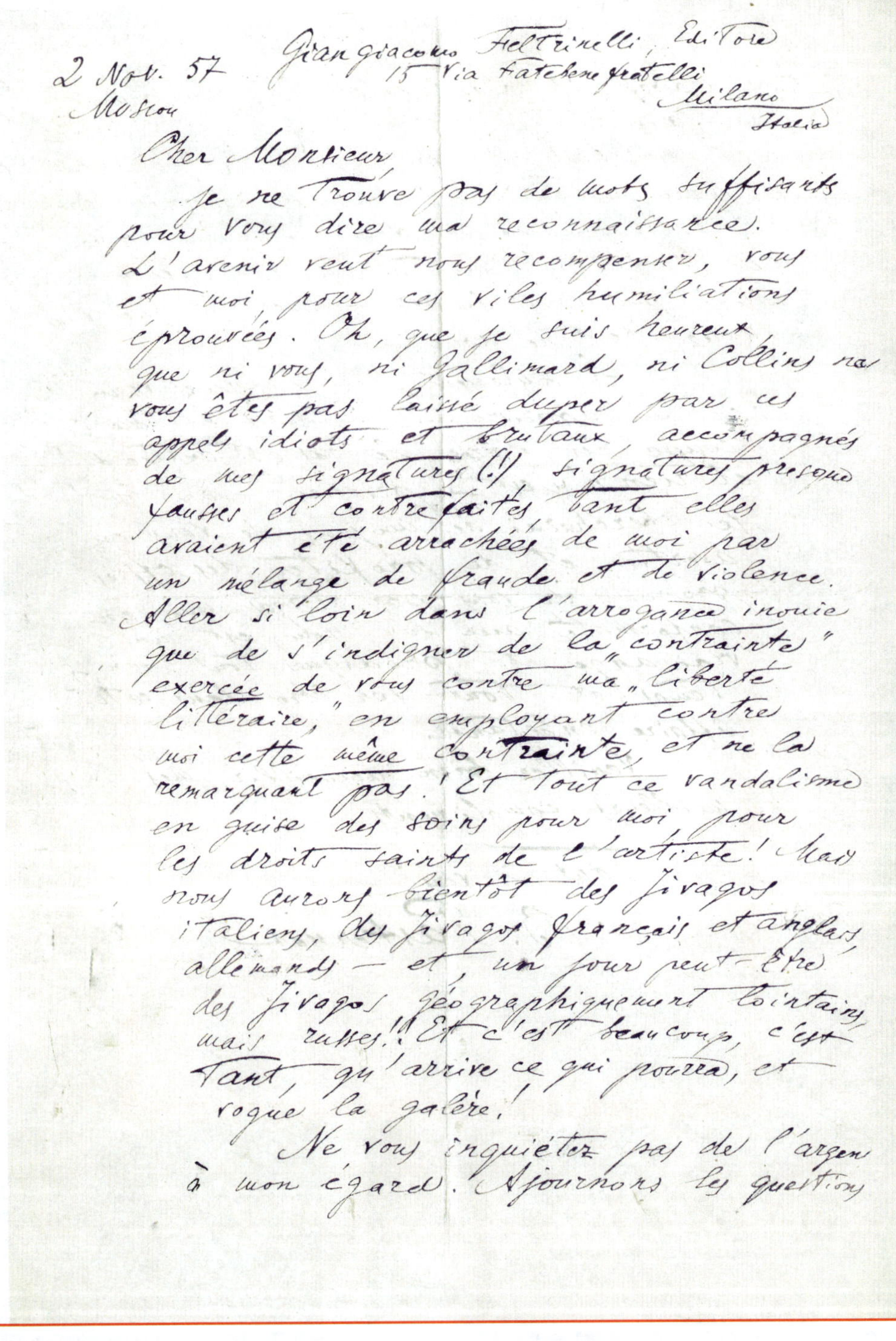
2 Nov. 57
Moscou

Giangiacomo Feltrinelli, Editore
15 Via Fatebenefratelli
Milano
Italia

Cher Monsieur,

Je ne trouve pas de mots suffisants pour vous dire ma reconnaissance. L'avenir veut nous recompenser, vous et moi pour ces viles humiliations éprouvées. Oh, que je suis heureux que ni vous, ni Gallimard, ni Collins ne vous êtes pas laissé duper par ces appels idiots et brutaux, accompagnés de mes signatures (!) signatures presque fausses et contrefaites tant elles avaient été arrachées de moi par un mélange de fraude et de violence. Aller si loin dans l'arrogance inouie que de s'indigner de la „contrainte" exercée de vous contre ma „liberté littéraire," en employant contre moi cette même contrainte, et ne la remarquant pas! Et tout ce vandalisme en guise des soins pour moi, pour les droits saints de l'artiste! Mais nous aurons bientôt des Jivagos italiens, des Jivagos français et anglais, allemands – et, un jour peut-être des Jivagos géographiquement lointains, mais russes!! Et c'est beaucoup, c'est tant, qu'arrive ce qui pourra, et vogue la galère!

Ne vous inquiétez pas de l'argent à mon égard. Ajournons les questions

Lettera di Boris Pasternak a Giangiacomo Feltrinelli del 2 novembre 1957.

pécuniaires (il n'en existe aucune pour moi) aux temps où nous aurons un ordre plus sensible et plus humain, où de nouveau au XX siècle on pourra être en correspondance, voyager. J'ai une confiance illimitée en vous. Je suis sûr que vous saurez garder ce que vous aurez destiné pour moi.

Si seulement, le malheur venu, on me supprime les salaires et me coupe les vivres (le cas est extraordinaire et rien n'y est à prévoir) — eh bien, je chercherai des moyens de vous en avertir et de profiter des offres proposées de vous par Serge, qui, en conformité avec son nom, est un vrai ange et prodigue tout son temps et tout son être dans cette affaire entêtante.

Veuillez bien accueillir mes meilleurs compliments

Tout à vous

B. Pasternak

Caro Signore,

non trovo parole sufficienti per esprimervi la mia riconoscenza. L'avvenire ci ricompenserà, Voi e me, per le vili umiliazioni patite. Oh, come sono felice per il fatto che né Voi, né Gallimard, né Collins vi siate lasciati ingannare da quegli appelli idioti e brutali accompagnati dalle mie firme (!), firme pressoché false e contraffatte, tanto mi erano state carpite con una mistura di frode e di violenza. Arrivare all'inaudita arroganza di indignarsi per la "violenza" da Voi esercitata contro la mia "libertà letteraria", usando nei miei confronti proprio la medesima violenza, senza menzionarla. E tutto questo vandalismo, camuffato da sollecitudine per me, per diritti sacri dell'artista! Ma noi avremo presto degli Živago italiani, degli Živago francesi e inglesi, tedeschi – e un giorno forse degli Živago geograficamente lontani, ma russi! Ed è molto, è tantissimo, facciamo del nostro meglio e succeda quel che deve succedere!
Non vi preoccupate per i soldi che mi spettano. Rimandiamo le questioni pecuniarie (per me non ne esiste alcuna) a quando avremo un sistema più sensibile e più umano, quando, nel XX secolo, si potrà di nuovo essere in corrispondenza, viaggiare. Ho una illimitata fiducia in Voi e sono sicuro che saprete custodire ciò che avete destinato a me. Soltanto nel caso sciagurato che mi sopprimano i sussidi e mi taglino i viveri (sarebbe un caso straordinario e niente lo lascia prevedere), bene, cercherei il modo di avvertirvi per approfittare delle offerte che mi fate tramite Sergio, il quale, conformemente al suo nome, è un vero angelo e prodiga tutto il suo tempo e la sua anima in questa vicenda incresciosa.

Vogliate accogliere i miei omaggi più sentiti,

vostro
B. Pasternak

BORIS PASTERNAK
Doctor Zhivago
A NOVEL
PANTHEON

Borís Pasternak
El doctor Zhivago
COMPACTOS ANAGRAMA

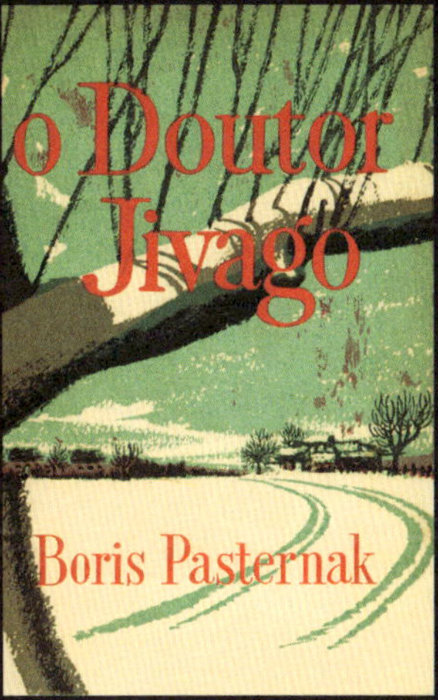
o Doutor Jivago
Boris Pasternak

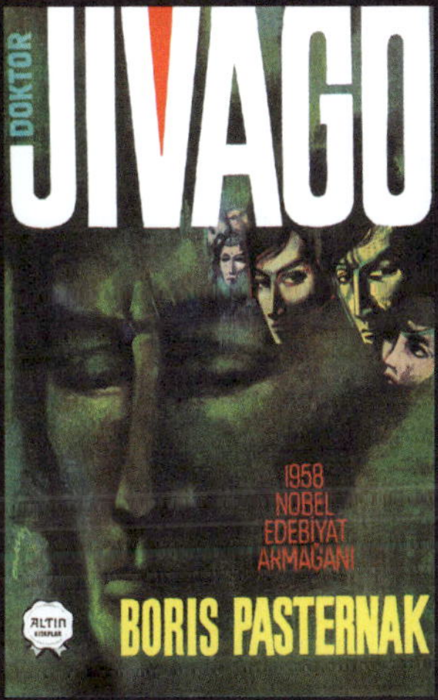
DOKTOR
JIVAGO
1958
NOBEL
EDEBIYAT
ARMAĞANI
ALTIN
BORIS PASTERNAK

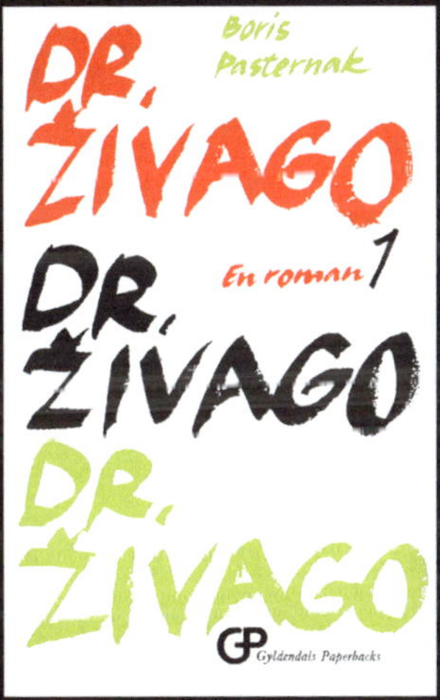
Boris Pasternak
DR. ŽIVAGO
En roman 1
DR. ŽIVAGO
DR. ŽIVAGO
GP Gyldendals Paperbacks

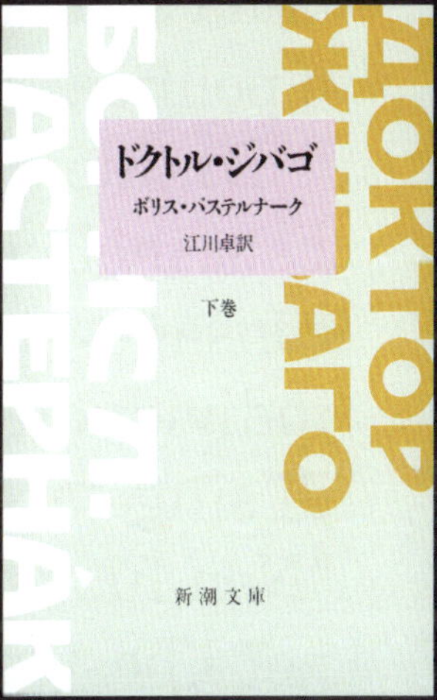
ДОКТОР
ドクトル・ジバゴ
ボリス・パステルナーク
江川卓訳
下巻
新潮文庫

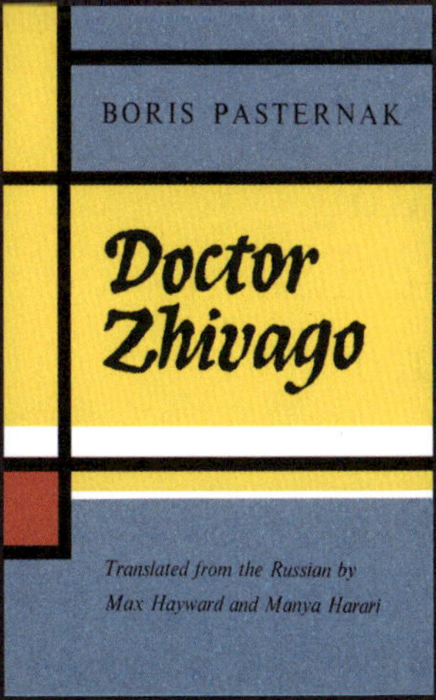
BORIS PASTERNAK
Doctor Zhivago
Translated from the Russian by
Max Hayward and Manya Harari

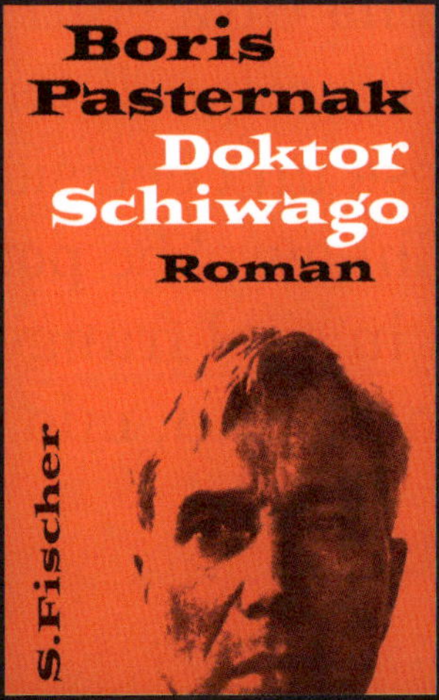
Boris Pasternak
Doktor Schiwago
Roman
S. Fischer

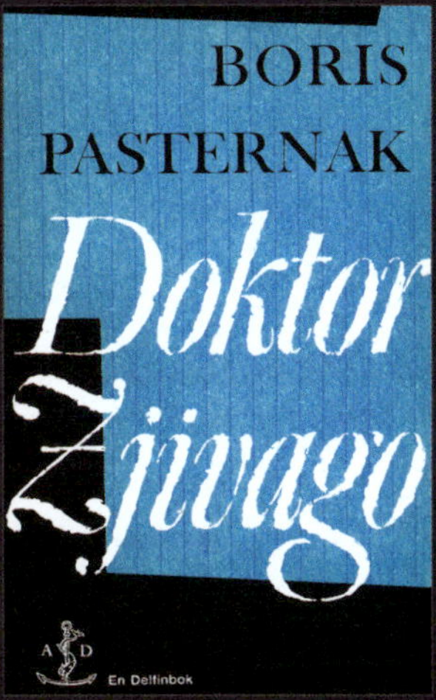
BORIS
PASTERNAK
Doktor Zjivago
A D
En Delfinbok

Non si può non constatare quanto imponente sia stato l'impegno editoriale dietro all'"operazione *Živago*" e quanto essa sia stata complessa da gestire anche sul piano della sua rilevanza, culturale e politica.

Di tale complessità, Giangiacomo Feltrinelli era perfettamente consapevole, avendone da subito individuate le caratteristiche di singolare eccezionalità. "Non fu, come è quasi sempre per i bestseller, come è stato per *Il Gattopardo* [l'altro libro-cardine agli esordi della casa editrice, uscito a fine 1958], un colpo di fortuna. *Živago* richiese una decisione difficile e solitaria. Chi avrebbe potuto consigliarmi in quel frangente?" Così, in un'intervista, mio padre rifletterà a proposito del suo "affaire" editoriale più importante.

Non un colpo di fortuna, quindi, ma una scelta calcolata e deliberata, tenendo conto delle avversità che si sarebbero dovute affrontare con una "decisione difficile e solitaria". Soprattutto solitaria.
"Chi avrebbe potuto consigliarmi in quel frangente?" Nessuno, infatti.

Pubblicare *Il dottor Živago*, difenderlo da speculazioni e da ingerenze fraudolente, proteggere per quanto possibile il suo autore era una questione da decidere per scelta individuale: a intuito e pulsione personale. Atteggiamento, questo, che accomuna sorprendentemente due personalità così diverse come Feltrinelli e Pasternak. Entrambi, ciascuno a modo suo, "estranei" allo spirito di un'epoca di cui risultano protagonisti ricorrendo al semplice espediente del loro incontro (in realtà, non poterono mai conoscersi personalmente) e le caratteristiche intrinseche, letterarie e umanistiche, del romanzo diventano l'innesco di una presa di posizione che smentisce e supera l'impostazione mentale, ideologica e politica della Guerra fredda.

La sintonia che Pasternak aveva rabdomanticamente trovato con Feltrinelli si rivela nel *cri du cœur* con cui prende avvio la famosa lettera del 2 novembre 1957 ("Le parole non mi bastano per esprimerle tutta la mia riconoscenza. Il futuro ci ripagherà, Lei e me, per le spregevoli umiliazioni che ci sono state inflitte..."). Lo *Živago*, per Feltrinelli,

diventa molto più di un romanzo, diventa qualcosa di sostanzialmente epico e una delle più profonde esperienze umane in quella che sarà la sua breve e intensa vita.
In calce a una sua lettera, indirizzata a Pasternak nel 1958, Feltrinelli scrive: "Grazie per *Il dottor Živago*, per tutto quello che ci ha insegnato. In un'epoca in cui i valori umani vengono accantonati, gli esseri umani vengono ridotti a robot e la maggior parte delle persone pensa soltanto a fuggire da se stessa e a risolvere i problemi del proprio ego affrettandosi e uccidendo quanto resta della sensibilità umana, Živago ha impartito una lezione indimenticabile. Ora so che ogni volta che non saprò come andare avanti potrò tornare a Živago e imparare da lui la più

grande lezione di vita. Živago sarà sempre accanto a me quando queste cose mi sembreranno perse per sempre, per aiutarmi a ritrovare i valori semplici e profondi della vita".

Carlo Feltrinelli
Prefazione a Živago nella tempesta di Paolo Mancosu

METRO GOLDWYN MAYER presenta
una produzione CARLO PONTI
un film di DAVID LEAN
IL DOTTOR ŽIVAGO
tratto dal celebre romanzo di
BORIS PASTERNAK
premio NOBEL
GERALDINE CHAPLIN
JULIE CHRISTIE
TOM COURTENAY
ALEC GUINNESS
SIOBHAN McKENNA
RALPH RICHARDSON
OMAR SHARIF
nella parte di ZIVAGO
ROD STEIGER
RITA TUSHINGHAM
sceneggiatura di
ROBERT BOLT
diretto da
DAVID LEAN
musica di
MAURICE JARRE
PANAVISION e METROCOLOR
distr. CIC
IL FILM DEI
6 OSCAR